DIETMAR ROST

Unserm Kind zuliebe

edition

WEISSES KREUZ

DIETMAR ROST

Unserm Kind zuliebe

Geschlechtserziehung von Anfang an

WEISSES KREUZ

hänssler-Paperback
Bestell-Nr. 865.102
ISBN 3-7751-8102-4

4. Auflage 2000
© Copyright 2000 by Hänssler Verlag,
D-71087 Holzgerlingen
Titelfoto: ZEFA
Umschlaggestaltung: Ingo C. Riecker
Druck und Bindung: Ebner Ulm
Printed in Germany

Inhalt

Sexualerziehung – wozu eigentlich?

Nicht wenige Eltern werden sich fragen, ob es überhaupt noch nötig ist, über Sexualität und Sexualerziehung zu reden und zu schreiben. Ist das Thema in den letzten Jahren nicht in Funk und Fernsehen und in der Literatur überstrapaziert worden? Und werden in unserer Zeit die Kinder nicht sowieso schon viel zu früh damit überschwemmt? Haben sich nicht viele Eltern bereits damit abgefunden, daß »heute eben alles anders« geworden ist, Grundbegriffe der Moral in Frage gestellt werden und die Chance gering ist, etwas zu ändern?
Tatsache ist, daß die Unsicherheit wächst. Was soll in der Einstellung zur Sexualität geändert werden? Woran soll man sich halten? Fragen und Probleme sind bedrängender denn je. Brauchen des-

halb unsere Kinder nicht gerade heute den Rat und die Hilfe verantwortlicher Eltern? Bedeutet Schweigen in der gegenwärtigen Situation nicht Flucht vor der Verantwortung oder Resignation, die uns unsere Kinder vielleicht nie verzeihen?

Dieses Buch wurde geschrieben, um Eltern bei der geschlechtlichen Erziehung ihrer Kinder zu helfen. Neben den Erkenntnissen von Psychologie und Pädagogik finden persönliche Erlebnisse des Verfassers mit den eigenen Kindern und langjährige berufliche Erfahrungen als Erzieher darin ihren Niederschlag. Geschlechtliche Erziehung wird als Teil einer Gesamterziehung gesehen, die ihre letzte Begründung aus dem christlichen Glauben bezieht und ihre Ziele am christlichen Menschenbild ausrichtet.

Dabei stehen neben vielen Beispielen, wie Eltern mit Kindern über sexuelle Fragen sprechen können, die Grundbedürfnisse des Kindes nach Liebe und Geborgenheit im Mittelpunkt. Gerade in den ersten Lebensjahren geht es nicht vorrangig um eine rationale Aufklärung, sondern vielmehr darum, aus einer sicheren Haltung heraus dem Kind jenes Gefühl der Sicherheit zu vermitteln, das es zu einer selbständigen Persönlichkeit heranreifen und fähig werden läßt, andere zu lieben.

Vom Tabu zur »sexuellen Befreiung«

Früher war alles, was mit Sexualität zu tun hatte, tabu, das heißt unantastbar. Man durfte nicht darüber sprechen. Das Liebesleben wurde von einer Mauer des Schweigens umgeben. Prüderie und falsch verstandene Scham verbannten den sexuellen Bereich aus der Erziehung. Gespräche mit Kindern und Jugendlichen über sexuelle Themen wurden von den Erziehern als Zumutung, von manchen gar als sittlich gefährdend angesehen.

Doch dann schlug das Pendel zur Gegenseite aus: Die öffentliche Propagierung aller nur denkbaren Bereiche des Sexuellen und die Ausbreitung jeglicher Intimitäten wurden als Befreiung von sexueller Unterdrückung bezeichnet. Man war überzeugt, mit dieser Freiheit nun auch den Weg zur vollkommenen Freiheit und zum Glück des Menschen gewiesen zu haben.

In geradezu naiver Weise glaubte man, mit der »Befreiung von der sexuellen Unterdrückung« dem Menschen seine Aggressionen nehmen, ja, sogar Kriege reduzieren, wenn nicht verhindern zu können. Man forderte dementsprechende erzieherische Konsequenzen in Familie, Kindergarten und Schule. Sexualität wurde von den »Sexualreformern« einseitig als Quelle der Lust verstanden, die sich der Mensch jederzeit und ohne Grenzen mit sich selbst oder mit anderen »verschaffen« solle. Das galt auch für das Kind.

Sexuelle Erfahrung und Triebbefriedigung werden fortan als Ziel der gesamten Erziehung in einschlägigen Büchern und Medien angepriesen. Jegliche Triebbeherrschung ist darin verpönt, freiwilliger sexueller Verzicht wird als unnatürlich oder gar krankhaft hingestellt; Ehebruch ist eine Bagatelle, der freie Partnertausch erstrebenswert. Ehe und Familie werden in Frage gestellt und sollen durch andere, »freiere« Formen menschlichen Zusammenlebens ersetzt werden. Das Wort »Eltern« weicht dem Begriff »Erwachsene«, »Vater« und »Mutter« können durch beliebige »Bezugspersonen« ausgetauscht werden, oder es wird gar von »Menschenweibchen« und »Menschenmännchen« gesprochen.

Hinter einer solchen Sexualerziehung verbirgt sich ein ganz bestimmtes Menschenbild. Der Mensch erscheint hier als das höchstentwickelte Säugetier, das durch die sozio-kulturelle Entwicklung der Gesellschaft an der Selbstverwirklichung seiner Natur mehr und mehr gehindert wird und durch die Befreiung von diesen Zwängen zu neuem Lebensglück gebracht werden soll.

Dieser Weltanschauung, welche die Würde des Menschen verletzt und mit der Propagierung der Schamlosigkeit statt in erhoffte Freiheit in neue Abhängigkeiten und Zwänge führt, stellt dieses Buch eine Auffassung gegenüber, die den Menschen als Person sieht, ausgestattet mit einer menschlichen Natur, die ihn über das Tier hinaushebt. Menschliche Sexualität wird als Geschlechtlichkeit gesehen, die auf humane Sinnerfassung und Deutung angewiesen ist.

Nicht perfekte sexuelle Techniken, nicht größtmöglicher genitaler

Lustgewinn machen den Sinn menschlicher Geschlechtlichkeit aus, wesentlich ist vielmehr, daß aus unseren Kindern und Jugendlichen liebesfähige Männer und Frauen werden, die in der Lage sind, ihr eigenes Geschlecht anzunehmen, dem andersgeschlechtlichen Partner mit sittlichem und sozialem Verantwortungsgefühl zu begegnen und dauerhafte Paarbindungen einzugehen. Unsere Heranwachsenden müssen zu einem Denken, Fühlen, Erleben und Handeln erzogen werden, das sie sittlich mündig macht, die Gabe der Sexualität als verpflichtende mitmenschliche Aufgabe zu sehen. Geschlechtliche Erziehung kann deshalb am deutlichsten als geschlechtliche Charaktererziehung beschrieben werden. Das ist sicherlich nicht leicht in einer Zeit, in der die Auffassungen von dem, was richtig und notwendig, was falsch und gefährlich für das menschliche Zusammenleben ist, weit auseinandergehen.

Geschlechtliche Erziehung – ein Zivilisationsproblem

Vor hundert Jahren wuchsen Kinder noch in der Großfamilie auf und nahmen an allen Geschehnissen des Familienlebens teil. Sie halfen schon früh dem Vater und der Mutter bei der Arbeit; Geburt und Tod waren Ereignisse, die sie als etwas Selbstverständliches miterlebten.

In der modernen Industriegesellschaft ist beinahe alles »kompliziert«, nichts ist mehr »selbstverständlich«. Die fortschreitende Zivilisation entfremdete den Menschen von den natürlichen Ereignissen des Lebens. So stehen wir heute vor Problemen, die man vordem nicht kannte: Unsere Jungen und Mädchen werden wesentlich früher geschlechtsreif als zur Zeit unserer Eltern und Großeltern, während die geistig-seelische Reifung mit der körperlichen nicht Schritt hält. In allen Bereichen haben die Geschlechter von Kindheit an vielfältige Kontakte und gehen offen miteinander um. Die freizügig geführte öffentliche Diskussion konfrontiert die Kinder schon in frühem Alter mit zahlreichen Problemen, denen sie nicht gewachsen sind. Die Berufstätigkeit der Mütter nimmt ständig zu. Mehr und mehr macht sich eine kinderfeindliche Haltung breit; die Rückläufigkeit der Geburtenrate in den hochzivilisierten Ländern nimmt beängstigende Formen an. Die Zahl der alleinerziehenden Mütter und Väter steigt ständig. Diese Fakten machen die Notwendigkeit einer umfassenden geschlechtlichen Erziehung deutlich. Geschlechtliche Erziehung ist eine wichtige Hilfe, die wir unseren Kindern schulden, damit sie mit den Problemen unserer Zeit fertig werden. Wir müssen versuchen, sie rechtzeitig darauf vorzubereiten, was sie im Leben erwartet, und dürfen sie nicht mit ihren Fragen allein lassen. Haben Kinder keine Möglichkeit, sachliche Information und liebevolle, wahrheitsgemäße Erklärungen von ihren Eltern zu bekommen, so wachsen Neugier und Angst in gleicher Weise, und unsere Kinder sind negativen Einflüssen schutzlos ausgeliefert.

Von Geburt an Geschlechtswesen

Fragt man nach dem Grund, warum Erziehung an geschlechtlichen Fragen nicht vorbeigehen kann, so lautet die Antwort: Der Mensch ist vom ersten Augenblick seines Daseins an Geschlechtswesen – Junge oder Mädchen. Geschlechtsloses menschliches Dasein gibt es nicht. Es gibt nicht den Menschen als solchen, es gibt immer nur Männer und Frauen. Diese seine Geschlechtlichkeit durchdringt den Menschen in seinem ganzen Wesen; der Mensch denkt, fühlt und handelt nur in männlicher oder weiblicher Eigenart. Erziehung aber hat es immer mit dem *ganzen* Menschen zu tun, demnach auch mit seiner Geschlechtlichkeit. Sie spielt für die sittliche Reifung des Menschen als Person eine entscheidende Rolle.

Das ist seit dem Schöpfungstag so. Im Schöpfungsbericht der Bibel heißt es:»Und Gott schuf den Menschen ihm zum Bilde, zum Bilde Gottes schuf er ihn; und schuf sie einen Mann und ein Weib« (Gen. 1,27). Hier steht die Aussage über die Gottesebenbildlichkeit des Menschen unmittelbar neben der seiner geschlechtlichen Verschiedenheit, das heißt, die Geschlechtlichkeit des Menschen ist eng verknüpft mit der Gottesebenbildlichkeit. Ihr Reifen ist somit auch ein Reifen hin zur Gottesebenbildlichkeit. Und die Bibel führt weiter aus: »Und Gott sah an alles, was er gemacht hatte; und siehe da, es war sehr gut« (Gen. 1,31).

Hier wird deutlich, daß die Geschlechtlichkeit weder zu verachten noch zu unterdrücken ist, sondern als eine Gabe Gottes uneingeschränkt und freudig bejaht werden darf. Schon im Jahre 200 n. Chr. sagte der Kirchenlehrer Clemens von Alexandrien: »Wir dürfen uns nicht schämen, Dinge beim Namen zu nennen, die Gott sich nicht geschämt hat zu erschaffen.«

Aufklärung oder geschlechtliche Erziehung?

Konnte es vor einigen Jahren noch geschehen, daß Eltern und Erzieher sich heftig gegen eine Aufklärung der Kinder wehrten, so sind sie sich heute mit Ärzten und Psychologen darin einig, daß Kinder zur rechten Zeit und in geeigneter Form aufgeklärt werden müssen. Das machen einige Antworten von Eltern deutlich, die sich dazu äußerten:

»Meine Eltern hätten mir unerfreuliche Dinge erspart, wenn sie mir rechtzeitig offene Antworten gegeben hätten.«

»Ein offenes Gespräch über alle sexuellen Fragen ist der beste Schutz vor Sittlichkeitsverbrechen. Viele Kinder können leicht verführt werden, weil sie nicht aufgeklärt und deshalb neugierig sind.«

»Unsere Kinder werden mit Sex geradezu überflutet. Überall begeg-

15

nen ihnen Sex-Plakate; beim Frisör lesen sie in den Illustrierten sexuelle Sachen; da können wir Eltern nicht die einzigen sein, die darüber schweigen.«
»Andere Eltern klären ihre Kinder auch auf. Da muß man es halt tun. Wir leben eben in einer anderen Zeit als früher.«
»Heute interessieren sich Kinder viel eher als zu unserer Zeit für sexuelle Fragen. Sie sind eben weiter als wir früher. Sie werden ja auch eher geschlechtsreif.«
»In unserer heutigen Zeit, wo Jugendliche so vielen sexuellen Problemen gegenüberstehen, ist es notwendig, schon im Kleinkindalter die Grundlagen des Vertrauens zu legen, damit wir im Jugendalter das Gespräch weiterführen können. Wir dürfen die kleinen Kinder nicht enttäuschen. Gerade auf diesem Gebiet.« –

Theoretisch wird also die Notwendigkeit einer geschlechtlichen Erziehung nicht mehr bezweifelt. Doch wie sieht die Praxis aus?

Da werden auch heute noch von Schulen und Kirchengemeinden auswärtige Referenten verpflichtet, die sexualpädagogische Vorträge halten; wird in Schulen in gewissen Abständen ein sexualpädagogischer Kurs abgehalten und den Kindern dabei ein Heft in die Hand gedrückt, ein neues Buch empfohlen. Mit solchen Praktiken sind wir von der einmaligen feierlichen Aufklärungsstunde früherer Generationen gar nicht weit entfernt.

Sind nicht die zahlreichen unehelichen Geburten, die Abtreibungen, die offenen und geheimen Perversionen, die zerbrechenden Ehen Zeichen einer mißglückten geschlechtlichen Erziehung? Die Abhängigkeiten, in die so viele Menschen auf sexuellem Gebiet heute geraten, der Mißbrauch, der in so starkem Maße mit der Sexualität getrieben wird, zeigen sie nicht deutlich, wie wenig es uns gelungen ist, diese »eigenwillige und ungefügige Macht« (Sigmund Freud) in den Griff zu bekommen? Eine Aufklärung mit Worten allein, ohne die tragende Kraft einer gefühlsmäßigen und charakterlichen Erziehung, steht der sexuellen Triebkraft hilflos gegenüber. Das zu erkennen ist erste Voraussetzung auf dem Wege zu einer umfassenden geschlechtlichen Erziehung.

Bloße »Aufklärung« reicht nicht aus

Oft fragen Eltern: *»Was meinen Sie, wann ist der rechte Augenblick für eine Aufklärung?«*
»Genügt es nicht, darüber zu sprechen, wenn die Kinder in die Reifejahre kommen?«
»Ist es nicht eigentlich zu früh, wenn man schon zu kleinen Kindern vor der Schule über diese Fragen spricht?«

Auch in Büchern wird die Frage nach dem rechten Zeitpunkt gestellt. So sagt der bekannte Erziehungsberater Kurt Seelmann etwa: *»Lieber ein Jahr zu früh, als einen Tag zu spät.«* Oder es wird gesagt: *»Am besten wäre es, wenn das aufklärende Gespräch weder zu früh noch zu spät einsetzte!«*

Allen ähnlichen Überlegungen liegt die Vorstellung von »Aufklärung« zugrunde, die man eines Tages erledigen müsse. So fragt man sich vielleicht, ob das Kind für ein solches Gespräch auch »reif« genug sei, ob man ihm »das« schon sagen könne. Abgesehen davon, daß man den richtigen Zeitpunkt nicht leicht ermitteln kann und deshalb das Gespräch immer weiter hinausschiebt, ist diese Auffassung von Grund auf falsch.
Es geht nicht um eine einmalige »Aufklärung« zu einem bestimmten Zeitpunkt, auch nicht um ständige Aufklärungsgespräche, das heißt um die primäre Vermittlung eines mehr oder weniger gründlichen sexuellen Wissens und die Beantwortung von Fragen, sondern es geht um einen *Erziehungsprozeß*. Deshalb sollten wir statt von »Aufklärung« besser von »geschlechtlicher Erziehung« sprechen. Damit wird auch deutlich, um was es sich eigentlich handelt. Die Frage: »Wann kläre ich mein Kind auf?« ist ebenso unsinnig wie die: »Wann soll ich mein Kind erziehen?«

● Eine erste Folgerung ist deshalb: Geschlechtserziehung beginnt bei der Geburt und endet, wenn ich mein Kind aus meiner Erziehungsverantwortung entlasse, das heißt, wenn es zu einem Erwachsenen herangereift ist.

● Eine zweite Folgerung lautet: So, wie es in jedem Alter in anderen Erziehungsbereichen Probleme gibt, gibt es sie auch im sexuellen Bereich.

Ein Vergleich mit der Verkehrserziehung mag das verdeutlichen: Wenn ein Kind mit zwei Jahren zum ersten Mal an der Hand der Mutter über die Straße geht, erklärt sie ihm, daß man erst aufpassen muß, ob kein Auto kommt. Sie spricht schon zum Kleinkind von den Gefahren der Straße, erklärt die Bedeutung von Ampeln und Zebrastreifen. Kommt das Kind in die Schule, gibt es ein neues Problem: den Schulweg. Wenn das Kind eines Tages mit dem Fahrrad auf die Straße fährt, muß es die Verkehrszeichen kennen. Bekommt ein Jugendlicher mit 14 Jahren ein Mofa, tauchen neue Fragen auf. Und schließlich erwirbt er mit 18 oder mehr Jahren den Führerschein für ein Auto.

Freiheit in Verantwortung

Wie in der Verkehrserziehung mit zunehmendem Alter das Bewahren und Führen durch eigenverantwortliches Handeln ersetzt wird, so muß auch die geschlechtliche Erziehung mehr und mehr Raum für verantwortete Freiheit geben. Die Frage der Verantwortung der Geschlechter voreinander in Freiheit ist in der heutigen Zeit ein nicht leicht zu lösendes Problem; hier soll nicht näher darauf eingegangen werden, da diese Fragen im Kindesalter noch nicht anstehen. Doch kann die Grundhaltung der »verantworteten Freiheit« bereits angebahnt werden.

Das wird erreicht, wenn wir die Kinder schon früh zur Selbständigkeit erziehen und nicht zu stark am Gängelband führen. Einem kleinen Kind, das sich in der Küche dem Stuhl nähert, wird die vernünftige Mutter nicht verwehren, seine allererste, vielleicht etwas schmerzhafte Erfahrung mit diesem Gegenstand seiner Umwelt zu machen. Ähnliches gilt, wenn ein Kind seine ersten Schritte versucht. Die vielfältigen täglichen Eroberungsversuche dürfen wir beim Kleinkind nicht unnötig einschränken, selbst auf die Gefahr hin, daß es hinfällt und sich eine Beule holt.

Selbstverständlich wird die Mutter das Kind bei seiner täglich probierten Welteroberung unauffällig beobachten und vor ernsthaften Schäden bewahren. Doch für viele Situationen des Alltags gilt, daß Kinder selbsttätig ihre Erfahrungen machen müssen, denn durch Warnungen allein werden sie der Gefahr nicht aus dem Wege gehen. Für den Erzieher ist es eine Frage der augenscheinlichen Situation oder des pädagogischen Fingerspitzengefühls, wann er das Kind gewähren läßt und wann er bewahrend einschreitet.

Bei aller berechtigten Sorge sollte man aber schon im Kleinkindalter damit beginnen, das Kind darin zu üben, seine Freiheit richtig zu gebrauchen, indem man es allmählich an die Übernahme größerer Verantwortung gewöhnt. Raum für Verantwortung können wir den Kindern geben, sobald sie allein zu Hause bleiben, auf das kleine Geschwisterchen aufpassen oder selbständig kleinere Aufträge ausführen und Arbeiten übernehmen.

Wichtig ist dabei, daß nicht von Anfang an Mißtrauen gesät wird, indem Kinder ständig kontrolliert werden. Denn das Vertrauen, das wir in ein Kind setzen, wird selten enttäuscht. Hier mag andeutungsweise spürbar werden, wie allgemeine Tugenden und Haltungen sich auch im sexuellen Bereich auswirken.

● Erziehung zum mündigen Menschen ist ein verbindlicher Grundsatz zeitgemäßer Erziehung und darum auch Grundprinzip jeder geschlechtlichen Erziehung. Die Verantwortung der Geschlechter voreinander ist unaufgebbare Verpflichtung.

Erste Gespräche

Bleiben wir bei dem Vergleich mit der Verkehrserziehung. Wie die Mutter es nicht bei einem einmaligen Erklären der Verkehrsregeln bewenden läßt, sondern bei jeder passenden Gelegenheit auf das Verhalten im Straßenverkehr zu sprechen kommt, so muß es auch in der Geschlechtserziehung sein: Ständige Gespräche, wenn die Situation es erfordert, helfen eher als eine einmalige Aufklärungslektion. Es wäre verfehlt, wollte man einem dreijährigen Kind eine umfassende Aufklärung vermitteln. Einzelheiten interessieren es nicht. Die Fragen des Kindes werden, so wie jede andere Frage auch, kurz, knapp und verständlich beantwortet.

Stellen wir uns einmal folgende Situation vor: In der Familie wird ein Kind erwartet. Die Mutter hat Babywäsche eingekauft. Dirk, 3 Jahre alt, sieht das und fragt:
»*Mama, wofür sind die kleinen Jäckchen?*«
Die Mutter antwortet:
»*Stell dir vor, du bekommst bald ein Brüderchen oder Schwesterchen.*«
Dirk: »*Ich möchte aber lieber ein Brüderchen.*«
Mutter: »*Ja, weißt du, das kann man sich nicht wünschen.*«
Dirk: »*Warum denn nicht?*«
Mutter: »*Sieh mal, die kleinen Kinder kann man sich nicht kaufen oder aussuchen. Die kommen von der Mama.*«
Dirk: »*Von der Mama?*«
Mutter: »*Ja, aus Mamas Bauch. Die wachsen da. In Mamas Bauch ist es schön weich und warm. Und wenn sie da rauskommen, dann sieht man erst, ob es ein Junge oder ein Mädchen ist.*«
Dirk: »*Ach so.*«
Mutter: »*Und wenn es ein Mädchen ist, dann wollen wir es auch liebhaben, nicht? Deine Mama war ja früher auch ein Mädchen.*«
Dirk nickt und läuft davon.

Es besteht heute im »Aufklärungszeitalter« die Tendenz, Kinder auf diesem Gebiet zu überfüttern. Wenn in der Familie ein Kind erwartet wird, so interessiert sich ein Dreijähriges mehr für den Neuankömmling selbst als für Einzelheiten der vorgeburtlichen Entwicklung. Wichtiger als biologische Einzelheiten ist die seelische Einstimmung, damit das neue Brüderchen oder Schwesterchen nicht eifersüchtig als Eindringling angesehen wird.

Die dreijährige Claudia hatte auf ihre Fragen von der Mutter alle

Auskünfte erhalten. Als die Mutter wieder ein Kind erwartete und auf Claudias Frage sagte:»*Dein Geschwisterchen wächst in meinem Bauch*«, antwortete Claudia:»*Bitte, bitte, Mami, in meinem!*« Nach einem Jahr hatte Claudia alles vergessen. Als die Mutter bei einer passenden Gelegenheit wieder über diese Fragen mit ihr sprechen wollte, wandte sie sich ab und zeigte sich uninteressiert. Claudia war von der Mutter »schwer enttäuscht« worden; denn das Schwesterchen war nicht in ihr gewachsen.

Bei Gesprächen kommt es immer darauf an, die Wissensvermittlung in den Dienst der Erziehungsaufgabe zu stellen. Der Schwerpunkt liegt stets in der gefühlsmäßigen Verankerung des Wissens, das heißt, den Gefühlen des Kindes muß in erster Linie Beachtung und Verständnis entgegengebracht werden. Der Erzieher muß dem Kind seine persönliche Stellungnahme mitteilen. Das gilt in besonderer Weise für das Kleinkind. Psychoanalytische Untersuchungen haben ergeben, daß das ursprüngliche Interesse des Kleinkindes nicht darauf gerichtet ist zu wissen, sondern das Kind begierig ist zu sehen, zu hören, Anteil zu nehmen und zu tun.

Bettina, 3 Jahre alt, fragt die schwangere Mutter:
»*Mutti, warum hast du so einen dicken Bauch?*«
Mutter:»*Du weißt doch: wir bekommen bald ein Brüderchen oder Schwesterchen. Das habe ich dir ja schon erzählt. Und das ist jetzt da drin.*« (Die Mutter zeigt auf ihren Bauch.)
Bettina:»*Was macht es denn da drin?*«
Mutter:»*Es wächst. Bald wird es bei uns sein.*«
Bettina:»*Du, Mutti, war ich auch mal in deinem Bauch?*«
Mutter:»*Ja, sicher. Da warst du ganz nah bei mir. Und du warst ganz klein. Und jetzt bist du schon so groß und kannst ganz allein essen und trinken.*«
Bettina:»*Mutti, guck mal, wie groß ich schon bin.*«
(Bettina stellt sich auf die Zehenspitzen.)
Mutter:»*Und weil du schon ein so tüchtiges Mädchen bist, darfst du mir jetzt auch helfen. Mutti braucht dich.*«

Durch solche Gespräche bereitet die verständnisvolle Mutter ihr Kind auf die Ankunft des Geschwisterchens vor, läßt ihm Zeit, sich auf diesen »Nebenbuhler« in der Mutterliebe einzustellen. Vor allen Dingen aber zeigt sie, daß es schön ist, groß zu sein. Das Kind spürt: Ich bin der Mutter eine Hilfe, sie braucht mich. Ich bin für Mutter nach wie vor wichtig.

Vorbild der Eltern

Noch wichtiger als Gespräche ist das lebendige Vorbild. Es genügt nicht, um noch einmal auf die Verkehrserziehung zurückzukommen, die Verkehrsregeln zu kennen, man muß sich auch nach ihnen richten. Eine Mutter, die mit ihrem Kind bei Rot an der Ampel stehenbleibt, ein Vater, der am Steuer Geschwindigkeitsbegrenzungen beachtet, wird eher ein Kind verkehrstüchtig erziehen als Eltern, die zwar lange Predigten halten, aber durch ihr eigenes ständiges Übertreten der Verkehrsregeln unglaubwürdig werden. Und wie im Straßenverkehr ein bloßes Wissen von Regeln nicht ausreicht, sondern das entsprechende Verhalten dazukommen muß, so genügt auch in der geschlechtlichen Erziehung nicht das Wissen, sondern es kommt auf die sittliche Haltung an.

Von Gesprächen allein kann niemals ein entscheidender erzieherischer Einfluß ausgehen. Wichtiger ist auch hier das gelebte Beispiel der Eltern. Das früher so hochgelobte und heute leider oft in Vergessenheit geratene gute Vorbild ist in der geschlechtlichen Erziehung von ausschlaggebender Bedeutung. Die Liebesfähigkeit, ein zentrales Anliegen aller Geschlechtserziehung, erwächst nicht aus Belehrung und Information, sondern aus liebevoller Zuwendung und Geborgenheit in der Familie. Kinder, die in einer solchen Familie aufwachsen, denen in ihrer frühesten Kindheit viel Zärtlichkeit und Liebe geschenkt wurde, haben ein Urvertrauen in diese Welt: Das Leben ist schön. Es lohnt zu leben.

Das Verhalten der Geschlechter zueinander erleben Kinder zum ersten Mal und am intensivsten am Beispiel der Eltern. Eltern dürfen sich nicht scheuen, vor den Kindern zärtlich zueinander zu sein.

Kinder sollten erleben, wie man sich aneinander freut, wie man sich bedankt, wie man sich etwas Liebes sagt. Dabei kann es geschehen, daß sie auf die Liebesbeweise der Eltern eifersüchtig werden.

Bernd, 4 Jahre, beobachtet, wie sein Vater die Mutter an sich drückt, streichelt und küßt. Er drängt sich dazwischen und sagt: *»Geh weg, Papa!«*
Vater: *»Warum soll ich die Mama nicht streicheln und in den Arm nehmen? Ich hab' sie doch lieb.«*
Bernd: *»Nein, ich hab' Mama lieb. Das ist meine Mama.«*
Vater: *»Ja, du hast Mama auch lieb. Wir beide haben sie lieb. Du sollst sie auch streicheln. Komm her.«*
Durch dieses Verhalten wird zwar Bernds Eifersucht nicht ganz aus der Welt geschafft, doch sie wird erträglich. Überdies spürt er ohne große Worte: Wir drei gehören zusammen. Wir sind eine Familie.

Es wird nicht ausbleiben, daß Kinder auch miterleben, wie eine Verstimmung unter den Eltern oder ein heftiger Familienkrach entsteht. Doch sollten sie ebenso sehen, wie man sich bemüht, Frieden zu schließen. Eingeständnisse der Fehler voreinander werden von Kindern aufmerksam aufgenommen.
Kinder, die hören, wie Eltern zueinander sagen: »Sei mir wieder gut. Ich habe es nicht so gemeint!«, oder: »Ich weiß, daß ich einen Fehler gemacht habe. Ich gebe es zu!«, oder: »Wir wollen uns wieder vertragen. Bitte, sei mir nicht mehr böse!« – solche Kinder wissen, was Versöhnung und Nachgeben heißt, wie gut Versöhnlichkeit tut.
Wie soll ein Kind selber fähig werden zu lieben, wenn es in einer streitsüchtigen und egoistischen, lieblosen und kalten Atmosphäre aufwächst?
Ist es übertrieben zu sagen, daß die Ehe der Eltern bereits Geschlechtserziehung ist – im guten wie im bösen? Denn ein wesentlicher Schritt – vielleicht sogar der wesentlichste – in der Hinführung unserer Kinder zur Liebes- und zur Ehefähigkeit ist das miterlebte Eheglück der eigenen Eltern. Darum sollten Eltern untereinander und mit den Kindern täglich bestrebt sein, in der Familie Spannungen zu bereinigen.

Dazu gehört auch, daß Eltern von Anfang an bereit sind, sich nicht nur gegenseitig, sondern auch die Kinder um Verzeihung zu bitten. Das Kind lernt dabei: Wir alle, ob groß oder klein, sind Menschen mit Fehlern; ja, es gehört zur Natur des Menschen, daß er nicht vollkommen ist. Jeder hat das Recht, Fehler zu machen, solange er sich bemüht, sie wieder gutzumachen, sie künftig zu vermeiden. Und dieses Bemühen um Versöhnung und Frieden zeigt sich immer auch in körperlichen Kontakten: in einer herzlichen Umarmung, einem Händedruck, einem zarten Streicheln über Kopf und Wangen, in einem liebevollen Kuß. So spürt das Kind, daß Zärtlichkeit eine Sprache ohne Worte ist, die Streit schlichtet, Frieden schafft, Menschen wieder zusammenführt.

Ein solches Vorbild, das Kinder bei ihren Eltern erleben, wird zum Leitbild dessen, was partnerschaftliche Ehe bedeutet.

Die Zeit vor der Geburt

Der Mensch ist eine Einheit von Leib, Seele und Geist. Er ist in seinem ganzen Wesen Leib, ist Seele, ist Geist. Alle drei Aspekte sind in der Erziehung zu berücksichtigen, müssen ineinandergreifen. Die geistige Erziehung ist heute selbstverständlich geworden, ja, der Mensch scheint in unseren Jahren der Bildungskampagne kopflastig zu werden. Seit langem ist zwar bekannt, daß die seelische Entwicklung gleichermaßen einer verstehenden Führung bedarf, doch droht die Pflege der Gemütskräfte, der emotionalen Bindungen heute in Vergessenheit zu geraten. Das Glück des Menschen hängt aber eher von gefühlsmäßigen Bindungen ab und von der Fähigkeit, Bindungen eingehen zu können.
Daß es eine Erziehung zur Leiblichkeit geben muß, erscheint vielen

noch ungewöhnlich. Auch der Leib ist nicht einfach eine Grundausstattung des Menschen, der lediglich der Körperhygiene und Sanierung bei Krankheiten bedarf, sondern ein wichtiges Erziehungsziel. Leib ist Gabe und Aufgabe. Der Leib ist uns gegeben; und doch müssen wir ihn erst annehmen, ja zu ihm sagen. Wir wissen, daß Gott alles gut geschaffen hat, aber wir müssen dieses Wissen auch selbst erfahren, indem wir uns zu unserem Leib bekennen. Zum Leib gehören gleichwertig alle Organe, natürlich auch die Geschlechtsorgane. Daß ein volles Ja-Sagen zur eigenen Geschlechtlichkeit noch nicht überall selbstverständlich ist, erfährt die Eheberatung beinahe täglich. Wieviel sexuelle Not hat hierin ihren Ursprung!

Die rechte Einstellung zur Sexualität

Jede geschlechtliche Erziehung wird an diesem Punkt ansetzen müssen. Wir fragen uns: Nehme ich mich selbst in meinem Geschlecht an? Stehe ich positiv zu meiner Sexualität? Oder gehört sie zum Gebiet des Schweigens? Kann ich mit meinem Ehepartner darüber sprechen?

Zunächst ist es notwendig, daß die Ehepartner ihre eigene Sexualität verstehen lernen. Eltern wissen darüber oft weniger, als man vermutet, da sie in ihrer Jugend nicht viel erfahren haben. Das Verstehen der eigenen Leiblichkeit und der des Partners, das Wissen um die geschlechtlichen Gegebenheiten zwischen Mann und Frau erleichtern es dem Menschen aber, sich selber, seinen Körper, seine eigene Sexualität zu bejahen, sich so anzunehmen, wie er ist. Erst wenn wir unseren eigenen Körper ganz annehmen, können wir den Leib unseres Ehepartners ganz annehmen. Wer sich selber nicht »riechen« kann, kann leicht auch den anderen nicht »riechen«. Wem die eigene Nase nicht gefällt, dem mißfällt schnell auch die Nase des Partners. Nur wer vor sich selbst etwas gilt, der läßt auch den andern gelten.

Zur Überprüfung der eigenen Einstellung zum Geschlechtlichen ist das gemeinsame Gespräch über die Sexualität, das gemeinsame Sich-Mitteilen durch das Wort, notwendig. Der Mensch ist ein sprechendes Wesen. Das chinesische Sprichwort:»Sprich, damit ich dich sehe!« trifft hier in besonderer Weise zu. Deshalb sollten Eheleute versuchen, offen miteinander darüber zu sprechen, was ihnen ihr geschlechtliches Beisammensein bedeutet. Sie sollten sich mitteilen, auf welche Weise sie die Liebesvereinigung wünschen, was ihnen besondere Freude bereitet und was ihnen unangenehm ist.

Das liebevolle Gespräch ist eine gute Möglichkeit, unnötige Scham und aus der Kindheit mitgebrachte Hemmungen abzubauen. Erst wenn Mann und Frau über alle sexuellen Fragen miteinander sprechen können, ohne verlegen zu werden, können sie später auch mit dem Kind über alles sprechen, ohne daß die Situation peinlich und schwierig wird.

Eheleute sollten auch mit dem Partner über ihre sexuelle Entwicklung, über ihre früheren Erlebnisse sprechen. Wenn wir uns klarmachen, daß unsere eigene geschlechtliche Entwicklung nicht geradlinig und ohne Schwierigkeiten vonstatten ging, werden wir zu kindlichen Verfehlungen, etwa sexuellen Spielereien, eine andere Einstellung bekommen. Das Bewußtmachen der eigenen sexuellen Probleme fördert das Verständnis für auffällige Verhaltensweisen bei unseren Kindern.

Im Mutterschoß

Noch vor 80 Jahren, zu Beginn unseres Jahrhunderts, waren Pädagogen und Psychologen davon überzeugt, daß Erfahrungen und Erlebnisse, die ein Kind vor dem Vernunftalter machte – man legte es etwa auf das 7. Lebensjahr fest –, auf die Bildung der späteren Persönlichkeit kaum Einfluß hätten. Man glaubte, nur bewußte, vom Gedächtnis gespeicherte Fakten würden bei der Entwicklung und sittlichen Reifung mitwirken. Da das Gedächtnis aber in der frühen Kindheit nur wenig speichert, an das man sich noch erinnern kann, ließ man dem vorschulischen Alter kaum Aufmerksamkeit zukommen.

Professor Ignace Lepp, der bekannte Erziehungsfachmann und Psychotherapeut, kennzeichnete diese Auffassung so:»Man brauchte sich also mit den Freuden und Kümmernissen des Kleinkindes kaum zu befassen. Es genügte, so gut wie möglich für sein körperliches Wohlbefinden zu sorgen und ihm beizubringen, sich artig zu benehmen, so wie man es etwa mit einem Kätzchen oder einem kleinen Hund macht.«

Entdeckung des Unbewußten

Dann kam die große Revolution, die mit dem Namen des Wiener Nervenarztes Sigmund Freud für immer verbunden bleibt. Die »psychoanalytischen« Entdeckungen dieses Mannes haben die alten Ansichten über die Kleinkinderziehung auf den Kopf gestellt. Man weiß seit Freud, daß viele Vorgänge, Erlebnisse und Ereignisse vom Menschen gar nicht bewußt wahrgenommen werden können. Das »Unbewußte« speichert eine Vielzahl von Vorgängen, die das menschliche Handeln nachhaltig beeinflussen, wesentlich stärker, als wir wissen.

Wann beginnt nun die Ausprägung des Unbewußten? – Die Wissenschaft nimmt an, daß die Formung des Unbewußten schon vor der Geburt im Mutterleib beginnt. Nicht nur der Körper, sondern auch die Seele des Menschen hat eine vorgeburtliche Existenz. Namhafte Psychoanalytiker glauben, daß manche Erinnerungen, die in therapeutischen Gesprächen zutage treten, aus dieser vorgeburtlichen Phase stammen. Wir wissen zwar naturgemäß über die psychische Funktion vor der Geburt nur sehr wenig, aber an ihrer Existenz zweifeln die Psychoanalytiker nicht.

Professor Lepp: »Welcher Art auch die Natur des Einflusses sein mag, den die Geschehnisse im Mutterschoß auf die Psyche ausüben: Es läßt sich heute nicht mehr bestreiten, daß die affektiven Zustände dieser Periode in der späteren Entwicklung des Individuums eine wichtige Rolle spielen. Man hat durch Experimente mit verschiedenen Säugetieren im Fötuszustand ein umfangreiches Material gesammelt. Man schließt daraus mit Gewißheit, daß schon in diesem Lebensstadium psychische Verletzungen möglich sind.«

Das aber würde bedeuten, daß es notwendig ist, schon vor der Geburt des Kindes Maßnahmen zu ergreifen und Entscheidungen zu treffen, die für seine seelische Gesundheit erforderlich und für seine geschlechtliche Entwicklung von Bedeutung sind.

In Freude empfangen

Für das Kind und seine Entwicklung ist es daher wichtig, daß es in Freude empfangen wird, daß die Mutter es während der Schwangerschaft voll Glück trägt, daß die Eltern seine Geburt nicht fürchten, sondern positiv wünschen.
Materielle Probleme erschweren die freudige Erwartung auf das Kind. In unserer Zeit – besonders in der westlichen Welt – scheint ein Mindestmaß an äußerem Wohlbefinden und Komfort notwendig zu sein, um glücklich werden zu können. Wenn die Wohnverhältnisse und Arbeitsbedingungen dieses Minimum an materieller Sicherheit, das natürlich von Fall zu Fall in seinen Ansprüchen verschieden ist, unmöglich machen, erscheint eine Empfängnis nicht angebracht.
Noch wichtiger aber ist, daß die junge Frau Zeit gefunden hat, sich sexuell zu entfalten. Dazu gehört die Erfahrung der orgastischen Lust. Jegliche Angst vor dem sexuellen Akt und vor der Zeugung sollte sie verloren haben, so daß es ihr Lust und Freude bereitet, sich mit ihrem Mann zu vereinigen. Sie darf die Ehe nicht nur als legitimes Mittel betrachten, Kinder zu bekommen.
Wie die Frau im Ehemann nicht nur den Vater ihrer Kinder sehen soll, so muß der Mann innerlich und äußerlich das Bild der eigenen Mutter hinter sich zurückgelassen haben. Er darf in seiner Frau nicht eine Kopie seiner Mutter suchen.
Diese »Ent-bindung« der Eheleute untereinander, die Entfaltung der Liebe, das harmonische Sich-aufeinander-Einspielen im sexuellen Vollzug bedarf einer Zeit, die frei ist von Empfängnis. Welcher Zeitraum dafür angemessen ist, kann nicht allgemein gesagt werden, doch scheint mindestens ein Jahr nach der Hochzeit bis zum Beginn einer Schwangerschaft notwendig zu sein.
Ebenso ist es im Interesse einer gesunden geschlechtlichen Entwick-

lung der Kinder und eines glücklichen Fortbestehens der Ehe nicht wünschenswert, wenn Schwangerschaften zu rasch aufeinander folgen. Selbst wenn die Frau ihren Mann leidenschaftlich liebt, fällt es ihr schwer, sich von den aufzehrenden Verpflichtungen der Mutterschaft loszumachen; und so läuft sie Gefahr, den Erwartungen ihres Mannes nicht zu genügen.

Für die werdende Mutter ist das Gefühl der Sicherheit und Geborgenheit notwendig, um ein Kind mit echten Glücksgefühlen zu erwarten. Sie muß die Liebe und Zärtlichkeit des Gatten spüren. Der Mann sollte sich für das zu erwartende Kind interessieren und sein Interesse der Frau bekunden. Die werdende Mutter braucht dieses Gefühl der Anteilnahme. Das Interesse für ein Wesen, das für die Sinneswahrnehmung noch nicht existiert, ist für den Mann nicht so ohne weiteres gegeben wie für die Frau, die das Kind in ihrem Leib spürt, die das Werden intensiv körperlich und seelisch miterlebt. Doch wird es ihm um so mehr gelingen, je mehr er seine Frau liebt. So ist für das Kind die Liebe der Eltern zueinander schon vor der Geburt eine Grundbedingung für das gesunde Gedeihen.

In welcher Weise sich die in Freude oder Angst vollzogene Empfängnis schon vor der Geburt auf die Kindesseele auswirkt, wissen wir nicht genau. Die Psychoanalyse nimmt an, daß Auswirkungen stattfinden. Wird ein Kind nicht gewollt, nicht mit Freude erwartet, ergeben sich für seine Entwicklung Probleme und möglicherweise schädigende psychische Rückwirkungen.

Nun könnte man einwenden: Was ist aber mit all den Kindern, die keine Wunschkinder sind? Denn Theorie und Praxis der Familienplanung laufen oft weit auseinander. Tatsache bleibt, daß eine positive Erwartung und Einstellung auf das Kind notwendig sind, damit es gedeihen kann.

Im Blick auf die Kinderzahl und den Zeitpunkt der Geburt tun Eltern gut daran, sich nicht streng an einer Planung auszurichten; so bleibt man flexibler und wird mit »Zwischenfällen« eher fertig. Leben ist nicht genau berechenbar. Eltern, die sich zu sehr festlegen, haben dann große Probleme, ein »ungewolltes« Kind rückhaltlos anzunehmen. Man kann aber kein Kind erziehen, zu dem man kein inneres Verhältnis findet, das man vielleicht sogar ablehnt.

Bleibt als Hoffnung für all die »ungewollten« Kinder nur, daß diese »Hinwendung zum Kind« spätestens dann gelingen möge, wenn es erst einmal da ist – dieser lebendige, kleine, hilflose Mensch, der auf unsere Zärtlichkeit und Liebe angewiesen ist, wenn er nicht jämmerlich zugrunde gehen soll.

Das eigene Geschlecht bejahen

Es gehört wesentlich zur geschlechtlichen Erziehung, daß sich das Kind als Junge oder als Mädchen begreifen und in seiner geschlechtlichen Eigenart bejahen lernt. Das heißt, ein Junge soll sich freuen, daß er ein Junge ist und später ein Mann wird, ein Mädchen soll sich freuen, daß es ein Mädchen ist und sich wünschen, eine richtige Frau zu werden. Dies ist jedoch nur möglich, wenn Kinder von ihren Eltern in ihrem Geschlecht angenommen werden. Schon vor der Geburt können werdende Eltern wesentlich dazu beitragen.

Und wenn es »nur« ein Mädchen ist?

Es ist nicht richtig, wenn ein junger Vater sich von Anfang an einen Jungen erträumt und seine ganzen Wünsche und Vorstellungen in diese Richtung gehen. Wird es dann »bloß« ein Mädchen, besteht die Gefahr, daß er es so erziehen möchte, als sei es ein Junge. Das äußert sich nicht so sehr in Fragen der Kleidung und Frisur, sondern mehr in der Bestätigung bestimmter Verhaltensweisen, die vielfach dem männlichen oder weiblichen Geschlecht zugeschrieben werden. Wenn wir auch heute eine starre Einteilung in Mädchen- und Jungenwelt nicht mehr vollziehen können, so müssen wir doch vermeiden, daß bei unserem Mädchen der Eindruck entsteht: »Wenn du ein Junge wärst, würde dich Papa noch mehr liebhaben.« Das gleiche gilt natürlich für die Mutter, die sich immer ein Mädchen gewünscht hat, das dann »nur« ein Junge geworden ist. So gern Familien, in denen nur Jungen geboren werden, auch ein Mädchen hätten, so sehr Landwirte oder Geschäftsleute, die nur Mädchen haben, sich einen »Stammhalter« wünschen, etwa als Hof- und Betriebserben, so sehr muß man sich davor hüten, schon das ungeborene Kind mit einer »Erwartung« zu belasten. Nur allzuleicht bricht dann, wenn der Wunsch nicht in Erfüllung ging, die Enttäuschung darüber – oft auch nur unbewußt – in der Erziehung durch. Damit erschwert man dem Jungen oder Mädchen die Annahme der eigenen Geschlechtsrolle, um später in ihr sicher zu sein und sich darin glücklich zu fühlen.

Dürfen Jungen mit Puppen spielen?

Manche Mütter machen sich Sorgen, weil ihre Tochter nicht wie ein Mädchen spielt, sondern sich wie ein Junge gebärdet. Sie sind ratlos, weil sie ihre Puppen nicht mehr anschaut, sondern typischem Jungenspielzeug den Vorzug gibt.
Diese Sorgen sind fast immer unberechtigt, denn ein kleines Mädchen, das seine Puppen im Stich läßt, um mit den Jungen Indianer zu spielen, läuft gewiß nicht Gefahr, seine Natürlichkeit zu verlieren. Oft fehlt einem solchen Mädchen nur eine gleichaltrige Freundin. Es wächst vielleicht in einem Wohnviertel auf, in dem Jungen zahlenmäßig in der Übermacht sind. Mitspielen zu dürfen bedeutet zwangsläufig für dieses Mädchen, am Jungenspiel teilzunehmen.

Und umgekehrt: Wenn Klein Hans mit einer Puppe spielen möchte, so darf er das ruhig tun. Warum sollten Jungen nicht Spielzeug bekommen, das ihre häuslichen Tugenden fördert, das ihr Gefühl und Gemüt bildet? Und warum sollten Mädchen nicht mit technischem Spielzeug spielen dürfen, das sie zum Denken, zum schöpferischen Tun anregt und ihre praktischen Fertigkeiten trainiert? Eines sollte dabei jedoch stets beachtet werden: Wenn auch viele »männliche« und »weibliche« Eigenschaften durch die Erziehung bedingt sind, wenn sich auch das »Bild« von Mann und Frau in der Gesellschaft geändert hat, so kann man doch niemals die Unterschiede und die dadurch bedingten Spannungen zwischen den Geschlechtern im körperlichen, seelischen und gefühlsmäßigen Bereich ausgleichen. In allen Gesellschaftsformen üben die Geschlechter ihre ganz spezifischen Funktionen aus. Es ist deshalb ein wichtiges Anliegen geschlechtlicher Erziehung, daß Jungen und Mädchen von frühester Kindheit an in ihre späteren Lebensaufgaben als Männer und Frauen hineinwachsen. Geschlechtserziehung heißt also auch: Wir müssen dem Kind dazu verhelfen, daß es sein eigenes Geschlecht annimmt.

Das geschieht zuerst in der Familie; daher sollten hier bewußt geschlechtsverschiedene Rollenverteilungen vorgenommen werden. Das gleiche gilt für die Kindergartenarbeit; hier können durch ausgeprägte Jungen- und Mädchenspiele, durch Berücksichtigung geschlechtsspezifischer Verhaltensweisen in der Gruppenbildung, vielleicht auch durch eine stärkere Beteiligung des männlichen Elementes in der Kindergartenerziehung wesentliche Impulse gegeben werden, die dem angestrebten Erziehungsziel dienlich sind.

Die Bedeutung des Vaters in der Erziehung

Die Kinder- und Jugendpsychologie der letzten Jahrzehnte hat deutlich herausgestellt, daß der Vater für das Kind als Kontaktperson und Vorbild so wichtig wie die Mutter ist. Deshalb darf der Vater sich nicht vor der Erziehungsaufgabe drücken und meinen, das sei allein Aufgabe der Mutter. Professor Ignace Lepp hat einmal gesagt: »Damit die Erziehung eines Kindes echte Chancen zum Gelingen haben soll, ist eine aktive Mitwirkung beider Eltern unbedingt notwendig. Wenn der Vater, wie es leider häufig der Fall ist, gar nicht an ihr teilnimmt, wirkt sich das in mehr oder minder schlimmer Weise auf die Psyche des Kindes aus.«

Gewiß haben es Väter nicht immer ganz leicht, auch wenn sie noch so guten Willens sind. Wenn sie von der täglichen Arbeit kommen, haben sie oft nicht mehr die nötige Kraft und Geduld für ihre Kinder. Und trotzdem: Sie sollten sich nicht gleich hinter der Zeitung verstecken oder vor den Fernseher setzen.

Es gibt viele Möglichkeiten und Gelegenheiten für den Vater, sich am späten Nachmittag oder am Abend noch eine Weile den Kindern zu widmen. Die Kleinsten brauchen dabei gar nicht so viel Aufwand. Da genügen manchmal schon ein lustiges »Hoppereiter«, ein Krabbeln über den Fußboden und ein Gutenachtkuß. Wichtig ist nur, daß sie spüren, daß sie einen liebevollen und zärtlichen Vater haben.

Denn wenn er es versäumt, mit den Kindern zu sprechen und zu spielen, nie Zeit für ihre Probleme hat, nie mit ihnen gemeinsam eine Aufgabe angeht, dann fehlt den Kindern die Gelegenheit, sich mit dem Vater identifizieren zu können. Oder anders ausgedrückt: Der Junge hat kein männliches Vorbild für seine eigene männliche Rolle, und dem Mädchen fehlt das männliche Gegenbild, das ihm einerseits die Möglichkeit zur Abgrenzung vom andersgeschlechtlichen Menschen gibt, andererseits die Annäherung an ihn als Partner erlaubt. Für das Erwachsenwerden und die Vorbereitung auf die Begegnung mit dem anderen Geschlecht ist es daher entscheidend wichtig, daß der Vater aktiv an der Erziehung seiner Kinder teilnimmt.

Hinzu kommt, daß die Hinwendung des Kindes zur äußeren Welt, die eine wichtige Bedingung für sein Mündigwerden ist, hinausgezögert und gestört werden kann, wenn der väterliche Einfluß in der Erziehung fehlt. Nach Ansicht von Psychologen gehört die Mutter zu innig dem narzißtischen Bereich des Kindes an, ihre Verbindung zum Kind ist sehr eng. So kann sie sich bewußt oder unbewußt dagegen sträuben, daß ihr Kind seelisch von ihr abgenabelt wird. Einer zu großen Behütung und Betreuung durch die Zärtlichkeit der Mutter, der sogenannten »overprotection«, kann durch den Vater entgegengewirkt werden. Leider sind manchmal die Mütter nicht gerade geschickt und belasten die Vater-Kind-Beziehung eher, als sie zu unterstützen. Sie drohen nämlich immer wieder mit dem Satz: »Na warte, wenn der Vater heute abend heimkommt. Das werde ich ihm erzählen!« Oder aber die Mutter empfängt den Vater abends mit der Klage: »Ich habe mich heute so über deinen Sohn geärgert. Aber von mir läßt sich der Bengel ja gar nichts sagen. Nun hau du mal richtig drauf!« So sollte keine Mutter sprechen, auch dann nicht, wenn sie es schwer mit ihren Kindern hat. Es besteht nämlich die Gefahr, daß die Kinder zu einem Vater, der auf diese Weise zur strafenden Autorität gemacht wird, keine echten inneren Beziehungen gewinnen und ihn im Grunde nur aus Furcht respektieren.

Eine auf dieser Basis gegründete Vater-Kind-Beziehung zerbricht, wie die Erfahrung zeigt, sehr leicht in Krisensituationen. Eltern sind in solchen Fällen oft ganz fassungslos, wenn es in der Pubertät zu harten Konflikten kommt, der junge Mensch ausbricht und sich ganz von der Familie trennt. Wer als Vater nicht schon zu seinen Kleinkindern ein Vertrauensverhältnis besessen hat, wird es später, wenn die Kinder zu Jugendlichen werden, nicht mehr aufbauen können.

»Mein kleiner Mann«

In dem Buch »Verhaltensstörungen« beschreibt Ekkehard Kloehn am Beispiel der Familie M., wie einem Kind die Rolle als Ersatz des Ehepartners zudiktiert wird:
»Als Jens geboren wurde, hatte Anita ihren Job aufgegeben. Jochen dagegen (ihr Mann) hatte sich mit großem Elan in seine Arbeit gestürzt, hatte abends Förderkurse und Lehrgänge besucht und die mittlere Reife nachgeholt. Anita war viel mit Jens allein und fühlte sich von Jochen vernachlässigt. Nicht nur, daß er viele Stunden außer Haus war. Auch wenn er zu Hause war, hatte er seinen Kopf woanders, arbeitete hinter seinen Büchern und war im Gespräch zerstreut. Anita, die ihr Bedürfnis nach Zärtlichkeit und Liebe bei ih-

rem Mann nicht stillen konnte, stürzte sich mit ihrer überströmenden Liebe und ihrem Verlangen nach zärtlicher Bindung auf den kleinen Jens. Ohne daß sie es merkte, wurde der so etwas wie ein Ersatz für ihren Ehepartner. Zwar nannte sie ihn vor Bekannten oft stolz ihren »kleinen Mann«, ihren »Kavalier« – aber wer denkt sich schon bei solchen harmlosen Bezeichnungen etwas? Ihre Schmusereien, mit denen sie Jens überhäufte, ihre ängstliche, fast eifersüchtige Besorgtheit um ihn, wenn er sich anderen Personen zuwandte, drohten ihn fast zu ersticken.«

Sicherlich kommt es in vielen Familien vor, daß die Söhne mehr an der Mutter und die Töchter mehr am Vater hängen. Vielleicht findet der Vater in ihr, besonders wenn es die einzige Tochter unter mehreren Jungen ist, das verjüngte Abbild der geliebten Frau wieder. Die Mutter kann aus ähnlichen Gründen »stolz« auf ihren Sohn sein. Gegen solche Anhänglichkeiten ist nichts einzuwenden, solange sie nicht übertrieben sind und die Harmonie der Ehepartner, auch die geschlechtliche, nicht beeinträchtigen. Sie können im Gegenteil die gefühlsmäßige Entfaltung der Kinder fördern und mithelfen, zärtliche Beziehungen zum anderen Geschlecht aufzubauen.
Allerdings sollte man sich stets bewußt bleiben, daß zu enge Bindungen an die Eltern nicht ohne Folgen sind. Mit großer Wahrscheinlichkeit läßt sich voraussagen, daß solche Kinder als Heranwachsende Schwierigkeiten haben, sich vom Vater oder von der Mutter zu lösen: Jungen bleiben nicht selten unverheiratete »Muttersöhnchen«, Töchter suchen auch in ihrem Ehemann später nur den Vater – bestimmt keine günstige Voraussetzung für eine glückliche Ehe.
Katastrophale Folgen für die kindliche Seele hat es jedoch, wenn, wie in dem geschilderten Fall, das Kind zum sexuellen »Ersatzpartner« gemacht wird. Durch die unausweichlichen Eifersuchtsszenen können sich feindliche Lager herausbilden, indem Vater und Mutter die Vorliebe ihrer Kinder benutzen, um sich gegenseitig zu kränken. Die Kinder reagieren in den meisten Fällen auf solche Rollenfixierungen mit Aggressionen und Verhaltensstörungen. Mädchen und Jungen können ernstlich Gefahr laufen, ihre geschlechtliche Rolle

zu verfehlen: ein Mädchen wird zum »Mannweib« oder sogar zur Lesbierin; ein Junge wird vielleicht homosexuell oder ein Transvestit. In jedem Fall ist es gefährlich, ein Kind in eine Wunschrolle zu drängen. Zahlreiche Krankengeschichten belegen, welche Belastung es für Kinder bedeutet, wenn Eltern sie zu ihren »Bundesgenossen«, zu »Wunderkindern« oder »Sündenböcken« machen. Jedes Kind sollte das sein dürfen, was es ist.

Zur Liebe erziehen

Wenn wir glauben, daß Gott den Menschen nach seinem Bilde schuf (Gen. 1,17), so ist die Fähigkeit des Menschen zu lieben ein Abbild göttlicher Liebe. Gott schuf den Menschen als Mann und Frau, damit sie die Liebe darstellen. Menschliche Sexualität ist eine Gabe Gottes, die zu einer besonders beglückenden Form der Liebe befähigt. Enttabuisierung kann dabei ebensowenig ein Endziel der Geschlechtserziehung sein wie eine höhere Genußfähigkeit. Wichtig ist, daß der junge Mensch lieben lernt.

Für Eltern und Erzieher bedeutet das, junge Menschen so zu erziehen, daß sie fähig werden, sich hinzugeben, daß sie aber auch lernen, sich beschenken und beglücken zu lassen. Liebesfähigkeit darf nicht verwechselt werden mit Beherrschung von Techniken. Die geschlechtliche Liebe ist eine besondere Form mitmenschlicher Begegnung, einer Begegnung in gegenseitiger Achtung, im Verständnis füreinander.

Auch der Wunsch nach Kontakten mit dem anderen Geschlecht, in welcher Form auch immer, ist Voraussetzung zur Liebe. Egoismus, Einzelgängertum, Kontaktarmut sind charakteristisch für den Mangel an Liebesfähigkeit.»Es gibt Individuen, die ihr Leben lang in ihren menschlichen Beziehungen infantil bleiben. Sie bringen es zu keiner Konstanz in ihrem Liebesleben und wechseln ihre Partner nach den Erfordernissen des Augenblicks. So abhängig sie vom jeweiligen Partner sind, so wenig Interesse haben sie – ganz auf ihre eigenen Bedürfnisse eingestellt – für seine Person übrig. Wie der junge Säugling haben sie keine Gegenliebe zu bieten«, schreibt Anna Freud, die Tochter des berühmten Analytikers Sigmund Freud.

● Deshalb bedeutet Geschlechtserziehung Erziehung zur Liebesfähigkeit; Liebesfähigkeit aber heißt, dauerhafte Bindungen eingehen und aufrecht erhalten zu können.

Mutter-Kind-Beziehung

Anna Freud ist ferner der Frage nachgegangen, wo das Fehlen echter Liebesfähigkeit bei manchen Erwachsenen, die ein von partnerschaftlichem Denken losgelöstes Sexualverhalten zeigen, seine Ursache hat.

Aufgrund langjähriger Tätigkeit in der Eheberatung kommt sie zu dem Schluß, daß die beständige liebevolle Zuwendung der Mutter zum Säugling eine wesentliche Voraussetzung dafür ist, daß der Mensch als Erwachsener zur echten Liebe fähig wird und überhaupt Bindungen in der Liebe eingehen kann. Sie ist der Ansicht, daß die frühe konstante Mutter-Kind-Beziehung das Kind aus dem anfänglich gierig-egoistischen Stadium der Triebbefriedigung heraus zu einer Bindung führt, die dem anderen partnerschaftlich zugewandt ist. Das Kind baut eine erste echte Liebesbeziehung auf.

Die Beziehung der Mutter zum Kind ist aber nicht nur für die Reifung der Liebesfähigkeit wichtig, sondern auch für die allgemeine Entwicklung des Kindes. Es liegen uns dazu heute zahlreiche wissenschaftliche Untersuchungen vor, deren Ergebnisse eine deutliche, nicht zu überhörende Sprache sprechen.

Beobachtungen von Professor Spitz

Professor René Spitz und seine Mitarbeiter verfolgten die Entwicklung von Säuglingen in zwei Heimen. Die Kinder waren in beiden Heimen von Geburt an bis etwa zum vierten Lebensjahr untergebracht. Sie wurden genau beobachtet: wie sie sich benahmen, wie sie auf Reize und Anregungen der Umwelt reagierten, wie sie sich in bestimmten Situationen verhielten. Da die Kinder in gleichen Situationen lebten, konnten sie miteinander verglichen werden. Obwohl Unterbringung, Ernährung und ärztliche Versorgung in beiden Heimen gleichwertig waren, entwickelten sich die Kinder grundverschieden. Woran lag das?

Im ersten Heim waren Säuglinge untergebracht, deren Mütter mit dem Gesetz in Konflikt geraten waren und die nun im Gefängnis saßen. Ihnen war jedoch erlaubt, ihre Kinder selber zu versorgen. Bei einigen Säuglingen fehlte zwar die Mutter, doch waren genügend Pflegepersonen vorhanden.

Im zweiten Heim gab es einen Unterschied: Die Säuglinge wurden nicht von ihren Müttern versorgt. An Pflegepersonal stand nur soviel zur Verfügung, daß es gerade seine Arbeit pflichtgemäß tun konnte. Es hatte keine Zeit, mit den Säuglingen zu spielen, zu sprechen, zärtlich zu ihnen zu sein. Jede persönliche Zuwendung und Zuneigung fehlten.

Wie sah das Ergebnis aus?

In dem Heim, in dem die Mütter ihre Kinder selber versorgten und reichlich Pflegepersonal vorhanden war, entwickelten sich die Säuglinge gesund und normal: sie spielten, lachten und weinten, lernten sitzen, krabbelten und liefen, plapperten und sprachen,

41

nahmen Anteil an ihrer Umwelt, wurden kaum krank. Kein Kind starb. Im zweiten Heim bot sich ein erschütterndes Bild: Die Kinder nahmen nicht zu, bekamen schwere Verdauungsstörungen, wurden nach einiger Zeit sehr anfällig für ansteckende Krankheiten. Neben diesem elenden Gesundheitszustand blieb auch die geistige Entwicklung weit zurück. Noch mit vier Jahren konnten sie weder sprechen noch laufen, weder allein essen noch waren sie sauber. Stumpf und teilnahmslos saßen sie in ihren Bettchen. Mehrere Todesfälle traten auf.

Diese Beobachtungen, die von anderen Wissenschaftlern bestätigt wurden, haben uns überraschende und erschütternde Einblicke in das Wesen des Kleinkindes ermöglicht:

Entscheidend für das Wachsen und Gedeihen eines Kindes sind nicht die technisch bestmögliche Umgebung, hygienische Pflege und Versorgung, sondern ist die seelische Beziehung zu einem mütterlichen Menschen. Das Kind braucht an der Schwelle des Lebens einen Menschen, der es liebevoll annimmt, es behütet, ihm ein geborgenes Zuhause gibt. Fehlt dieses innige Verhältnis zwischen einer mütterlichen Person und dem Säugling, diese Wärme und Geborgenheit, verkümmert das Kind geistig, seelisch und körperlich.

Nur das unbegrenzte Vertrauen in die mütterliche Liebe vermag das Tor zum Leben aufzuschließen, vermag die fremde Welt in eine vertraute Welt zu wandeln, vermag ein Urvertrauen in die Welt zu geben. Fehlt dieses Vertrauen, so »verweigert« der junge Mensch, wie Alfred Nitschke es ausdrückt, »das ihm gebotene Leben«.

Mutterliebe

Damit das Kind also gedeihen kann, muß die Mutter es mit Liebe und Wärme umgeben. Nur wenn es erfährt, was es heißt, geliebt zu werden, kann es von sich aus lieben. Es genügt also nicht, den Säugling nur mit der nötigen Pflege zu versehen. Er braucht den Kontakt so nötig wie Essen und Schlafen. Zulächeln, Sprechen, Singen, Streicheln, In-den-Arm-Nehmen, Spielen: das erst macht ein Kind glücklich. Liebevoller Zuspruch der Mutter ruft Freude und Entzücken hervor. Ihr Lächeln wird mit eigenem Lächeln erwidert.

Man kann jeder Mutter also nur raten: Nehmen Sie das Kind aus dem Bettchen, sooft Sie das Bedürfnis haben! Herzen Sie es, solange und sooft Sie möchten! Lassen Sie sich nicht durch andere davon abhalten, etwa mit der Begründung, das Kind würde verwöhnt! Verwöhnung setzt später ein. Selbstverständlich brauchen Säuglinge auch viel Ruhe und Schlaf. Man darf nicht etwa den Schlaf stören, weil man das Bedürfnis hat, mit seinem Kind zärtlich zu sein. Das Kind muß sich in einer Atmosphäre der Geborgenheit und Sicherheit entwickeln können. Gereiztheit, Nervosität, Abgespanntheit, Angst, Unsicherheit, Unausgeglichenheit, Gleichgültigkeit, Verständnislosigkeit der Mutter bleiben nie ohne Folgen für die Zukunft des Kindes. Die Haltung der Mutter entscheidet darüber, wie sich das Kind später der Welt zuwenden wird.

Und ein Zweites ist wichtig: Zur echten Liebe gehört die völlige Unersetzbarkeit und Unaustauschbarkeit des Geliebten. Wenn ein Säugling einen Menschen braucht, der ihn liebt, so heißt das auch: Unentbehrlich ist *eine* Mutter oder Pflegerin, und zwar immer dieselbe, die zuverlässig immer wieder da ist. Das Kind braucht die möglichst wenig unterbrochene Gegenwart dieses einen geliebten Menschen.

Mutter und Kind in der Klinik

Die Psychologie, genauer gesagt die Tiefenpsychologie, spricht davon, daß die Geburt für das junge Menschenkind die größte aller Revolutionen darstellt, denen es je im Laufe seines Lebens ausgesetzt sein wird: von der Wärme, der Geborgenheit, dem Getragenwerden im Mutterleib in das Licht, die Kälte, die Ausgeliefertheit dieser Welt. Psychologen glauben, daß die Geburt die Ursache ist für viele Angstzustände, unter denen Menschen später leiden. Nach der Geburt kommt es also vorrangig darauf an, ob die Umgebung, in die das kleine Wesen hineingegeben ist, ihm Wärme und Geborgenheit bietet, damit die Geburtsangst abgebaut werden kann.

Das geschieht am nachhaltigsten, je früher eine Mutter nach der Entbindung in der Lage ist, das Neugeborene selber liebevoll zu versorgen. Leider hat sie bei uns nur in wenigen Kliniken dazu Gelegenheit; sie bekommt es nur zu den Mahlzeiten des Kindes. Danach wird es wieder von ihr getrennt und in die Säuglingsstation zurückgetragen. Bestrebungen, dies zu ändern, sind erfreulicherweise zunehmend im Gange. Die Idee einer besseren Lösung stammt aus den USA: das sogenannte »Rooming-in«. Hier werden Mutter und Kind in der Klinik nicht getrennt, sondern gemeinsam in einem Zimmer untergebracht. Die Mutter hat die Möglichkeit, sich frühzeitig an ihr Kind zu gewöhnen, es in seinem Verhalten bei Tag und Nacht zu erleben und von Anfang an einen wesentlichen Teil der Pflege zu übernehmen.

Dabei spielt das Zusammensein von Mutter und Kind für die Mutter selbst eine entscheidende Rolle: Sie erlernt ihre Mütterlichkeit. Denn keine Mutter wird durch die Geburt allein zur »Mutter«. Erst durch die innigen Beziehungen, die aus dem engen Kontakt und der Zärtlichkeit bei der Pflege zu ihrem Kind entstehen, wird die Frau zur eigentlichen Mutter des Kindes. Diese Pflege ist wiederum notwendige Voraussetzung dafür, daß das Kind überhaupt gedeihen und Vertrauen zu den Menschen und zur Welt bekommen kann, daß es lieben lernt und nicht hassen, daß es zum Partner findet und nicht ein egoistischer, kontaktarmer Einzelgänger wird.

Wer also die Möglichkeit hat, sollte aus diesen Überlegungen heraus eine Geburtsklinik wählen, in der das Kind nicht von der Mutter isoliert, sondern vom ersten Tag an bei ihr gelassen wird.

Kind im Krankenhaus

Hierher gehört auch das von Eltern nicht so beachtete und von Medizinern heruntergespielte Thema »Kind im Krankenhaus«. Die Einweisung eines kleinen Kindes in ein Krankenhaus, vor allen Dingen ein längerer Klinikaufenthalt, ist immer ein »traumatisches«, das heißt seelisch verletzendes Ereignis; das Kind wird aus der für sein

Gedeihen so wichtigen vertrauten Umgebung herausgerissen und von den Eltern getrennt. Ein solches Kind zeigt vielfältige Störungen und fällt in seiner geistigen, körperlichen und seelischen Entwicklung zurück. Hier drängt sich der Vergleich mit dem »Heimkind ohne Mutter« auf. Schon während des Krankenhausaufenthaltes zeigen sich Schlafstörungen, Bettnässen, Haarausreißen, Kopfschaukeln, Depressionen und andere Auffälligkeiten. Aber auch nach Jahren, wenn niemand mehr an den Krankenhausaufenthalt denkt, können als Spätfolgen eine gewisse Antriebslosigkeit und Gehemmtheit zurückbleiben.

Ideal wäre es, wenn die Mutter während der ganzen Zeit bei ihrem Kind im Krankenhaus bleiben dürfte und einen Teil der Pflege und Betreuung übernehmen könnte. Doch wird das in den meisten Fällen auf vielfältige Probleme stoßen. Um so wichtiger ist der tägliche Besuch bei dem Kind. Es ist nicht zu verstehen, daß es noch Kinderkliniken gibt, die den täglichen Besuch der Eltern nicht wünschen oder sogar verbieten. Alle Argumente, die dafür ins Feld geführt werden, klingen lächerlich angesichts der Tatsache, daß eine womöglich dauerhafte psychische Schädigung des Kindes durch die Trennung von der Mutter verursacht werden kann. Deshalb sollten Sie sich mit allen Kräften für den täglichen Besuch bei Ihrem Kind einsetzen!

In nicht akuten Fällen ist es daher wichtig, das Kind vorher in schonender Weise auf den Krankenhausaufenthalt vorzubereiten, damit ein Schockerlebnis vermieden wird. Durch Erzählungen und Gespräche, durch Krankenhaus-Spielen und evtl. einen vorherigen Besuch in der Kinderstation kann man die Situation mildern.

Kinder ohne Mutterliebe verkümmern

Wie groß die Bedeutung der Mutter für das Kleinkind ist, kann keine Wissenschaft besser beweisen als die Medizin, insbesondere durch ihre härteste Aussage – die Sterblichkeitsziffer: Die Säuglingssterblichkeit unehelicher Kinder ist doppelt so hoch wie die ehelicher.

So erschütternd die Sterblichkeitsrate der Säuglinge ohne Familie auch ist, so bildet sie doch nur die »Spitze eines Eisberges« im Vergleich zu den mannigfachen Störungen in der Entwicklung durch seelische Vernachlässigung, die heute unter dem Begriff »material-deprivation« (Mutter-Verkümmerung) zusammengefaßt werden. Daß die Chancen vieler Heimkinder im Lebenskampf gleich Null sind, haben die bereits geschilderten Untersuchungen von René Spitz und anderen nur zu deutlich bewiesen.

Während jedoch die Untersuchungen von René Spitz hauptsächlich Schädigungen der ersten Lebensjahre betreffen, gingen andere Forscher den späteren Folgen der Trennung von der Mutter beziehungsweise der frühkindlichen Vernachlässigung nach. Durch zahlreiche Studien und langjährige Erfahrungen aus der Erziehungsberatung wissen wir heute, daß der Verlust einer liebevollen Betreuung in den ersten Lebensjahren später zu schweren charakterlichen Fehlentwicklungen führen kann und »eine der Hauptursachen für die ansteigende Jugendkriminalität ist« (Professor Theodor Hellbrügge). Untersuchungen in Schweden im Blick auf 3 500 kriminelle Jugendliche haben ergeben, daß ein hoher Prozentsatz aus zerrütteten Familien stammt. Auch bei uns in der Bundesrepublik kommt der überwiegende Teil der Fürsorgezöglinge und der einer Erziehungsberatungsstelle vorgestellten Kinder aus unvollständigen Familien (uneheliche Kinder, Vater oder Mutter Alleinerzieher, Eltern geschieden).

Nach allem, was wir heute wissen, scheint eine vollständige Familie, das heißt ein anwesender Vater, eine anwesende Mutter, darüber hinaus möglichst die Anwesenheit von Geschwistern, prägende Voraussetzung dafür zu sein, daß unsere Kinder als Erwachsene ein Leben in Verantwortung als etwas Wünschenswertes ansehen.

In krassem Gegensatz dazu stehen jedoch die fortschreitenden Auflösungserscheinungen der Familie, die wir auch in der Bundesrepublik Deutschland beobachten. Durch die von Jahr zu Jahr zunehmenden Scheidungsraten sowie durch die ebenfalls zunehmende Anzahl lediger Mütter steigt ständig die Zahl der »Alleinerzieher«. Bereits im Jahr 1975 waren fast 700 000 Frauen und über 100 000 Männer Alleinerzieher von Kindern unter 18 Jahren. Oder vom

Kinde her gesehen: 1,2 Millionen Kinder lebten 1975 in einer »Ein-Kind-Familie«. Nimmt man die jährliche zehnprozentige Steigerungsrate der Ehescheidungen hinzu – derzeitig kommen wir auf über 100000 Ehescheidungen pro Jahr –, so können wir ermessen, wie hoch die Anzahl der einsamen und verlassenen Kinder in unserer Gesellschaft heute ist. Ihnen wird die Basis genommen, die sie zu ihrer gesunden Entwicklung benötigen: die intakte Familie als unersetzlichen Hort der Geborgenheit und Nestwärme. Dabei dürfen wir nicht übersehen, daß zahlreiche Kinder auch in äußerlich intakten Familien zwar Eltern haben, sich aber in ihrer Verlassenheit kaum von den »elternarmen« Kindern unterscheiden. Familienmütter, die ihre Kinder vernachlässigen oder sogar ablehnen, sind gar nicht so selten, wie man meint. Hierzu gehört auch das leidige Problem der berufstätigen Mutter.

Mutter ist berufstätig

Die Berufstätigkeit der Mütter hat in den letzten Jahrzehnten rapide zugenommen. Bereits im Jahre 1974 waren in der Bundesrepublik rund 3,5 Millionen Mütter mit Kindern unter 18 Jahren berufstätig – das ist fast die Hälfte aller Mütter mit Kindern in diesem Alter. Über 6 Millionen Kinder waren schon damals davon betroffen; und auch hier gilt: Die Zahl ist in den Folgejahren ständig gestiegen.
Die Kinder sind dabei die Leidtragenden. Auch das ist ein wunder Punkt in unserer Gesellschaft: Während die berufstätigen Mütter oftmals eine Schädigung der Kinder heftig verneinen, ist nach Ansicht des Münchener Mediziners Prof. Dr. Theodor Hellbrügge, der sich jahrelang mit dieser Frage beschäftigt hat, die »zunehmende außerhäusliche Arbeit der Mutter nicht nur für die betroffenen Kinder außerordentlich gefährlich, sondern auch für die gesamte Gesellschaft«. Das gilt besonders, wenn die Mutter einen Säugling zu versorgen hat. Denn der Säugling hat, wir wir hörten, die Liebe und Nähe der Mutter voll und ganz, zu jeder Zeit, ohne Unterbrechung nötig. Die berufstätige Mutter ist jedoch die meiste Zeit des Tages von ihrem Kind getrennt. So wandert es tagsüber in die Kinder-

krippe oder wird abwechselnd von Omas, Vätern und Kinderfrauen betreut, um abends von einer berufsgestreßten Mutter in Eile und Hast »versorgt« zu werden.

Die Mehrfachbelastung berufstätiger Mütter ist besonders dadurch gegeben, daß eine wirksame Mithilfe der Männer im Haushalt nach wie vor fehlt. Neueste Untersuchungen in Österreich haben sogar gezeigt, daß die Arbeitsbeteiligung der Männer im Haushalt wieder stark zurückgegangen ist. Vor 10 bis 15 Jahren waren die Männer im Zuge der Zunahme der Berufstätigkeit der Frau und unter dem Eindruck eines sich wandelnden Bildes von Mann und Frau bereit, häusliche Tätigkeiten zu übernehmen, doch das hat nicht lange angehalten. Und so konnte der Soziologe René König auf dem internationalen Kongreß über die Familie im Dezember 1981 in Venedig davon sprechen, daß die Arbeitsteilung zwischen Mann und Frau im Haushalt versagt hat und die partnerschaftliche Ehe in die Brüche gegangen ist. Zu dieser Mehrfachbelastung der Frau, die also wieder zunimmt, kommen bewußte oder verdrängte Schuldgefühle gegenüber den Kindern, welche die schädigenden Folgen der Vernachlässigung und mangelnden Betreuung noch verstärken.

So sehr man das Bedürfnis einer Frau nach Berufstätigkeit respektieren muß, da sie häufig durch den Haushalt allein nicht ausgefüllt ist, muß doch gesagt werden: Die Bedürfnisse des Kindes in den ersten drei Lebensjahren haben absoluten Vorrang. Es steht zuviel auf dem Spiel. Die erschütternden Beobachtungen und ernsten Warnungen der Psychologen können nicht leichtfertig in den Wind geschlagen werden. Jede Mutter eines Kleinkindes sollte sich deshalb lieber zwei- oder dreimal überlegen, ob sie zu diesem Zeitpunkt unbedingt in den Beruf gehen muß. Nur in echten wirtschaftlichen Notfällen sollte eine Mutter ihr Kleinkind in fremde Hände geben. Es darf nicht sein, daß das eigene Prestige dem Wohl des Kindes vorgezogen wird. Der Bau eines Eigenheims, der teure Urlaub, das neue Auto können kein Grund sein, berufstätig zu bleiben. Ein höherer Lebensstandard ist mit kranken und kriminellen Kindern zu teuer erkauft. Vermutlich wissen die meisten berufstätigen Mütter gar nicht, was sie anrichten. Sie ahnen nicht, welch einzigartige Bedeutung sie für das Gedeihen ihres Kindes haben.

Wir dürfen keine Mühe scheuen

Neben intensiver Aufklärung darüber, welchen Schaden sich die Gesellschaft mit der systematischen Verkrüppelung der Kleinkinder zufügt, und der persönlichen Beratung der Frau ist der Staat aufgerufen, unverzüglich Maßnahmen zu ergreifen, um die berufstätige Mutter wenigstens zeitweise wieder in die Häuslichkeit zurückzuholen. Es wird höchste Zeit, daß die Aufgabe der Mutter als Hausfrau und Erzieherin in der Öffentlichkeit wieder die Anerkennung und Hochschätzung findet, die sie einmal hatte. Man kann es nicht deutlich genug sagen: Eine Mutter, die auf den Beruf verzichtet und zu Hause ihren Kindern und ihrem Ehemann Liebe und Sorge zuteil werden läßt, leistet sicher Wesentlicheres als jede berufstätige Frau. Die Arbeit der Mutter in der Familie ist mehr als ein Beruf. Kann es überhaupt eine wichtigere Aufgabe geben, als Kinder zu erziehen? Für viele Frauen ist die Hausarbeit, wie sie glaubhaft bekunden, eine schöne Aufgabe. Sie wehren sich mit Recht dagegen, im Zeichen der Frauenemanzipation als »Nur-Hausfrauen« und »Nur-Mütter« abgewertet zu werden. »In der Regel vergessen jene frauenrechtlerisch kämpfenden Feministinnen nämlich, daß nicht alle Frauen einen akademischen oder schöpferischen Beruf haben wie zumeist sie selber. Sie können sich offensichtlich schwer einfühlen in die Situation einer Frau, die lieber den Haushalt macht und die Kinder versorgt, als die Stanzmaschine oder das Fließband bedient. Diesen Frauen wäre vermutlich mehr damit gedient, politisch um das bezahlte Babyjahr zu kämpfen als damit zu beweisen, daß Frauen noch bessere Männer sein können« (Gusti Gebhardt).

Bei dem »bezahlten Babyjahr« handelt es sich um die Freistellung der Mutter vom Arbeitsplatz für ein Jahr nach der Geburt bei voller Bezahlung, wie es seit längerer Zeit in Schweden üblich ist. Auch bei uns fordern namhafte Wissenschaftler – so der Freiburger Verhaltensbiologe Bernhard Hassenstein und der Münchener Kinderarzt Theodor Hellbrügge – seit geraumer Zeit ein »Muttergehalt«. Das würde den Beruf der Hausfrau lukrativer für die Mütter machen, und er fände außerdem die so notwendige öffentliche Anerkennung. »Wenn Sie mich fragen«, äußerte sich Hellbrügge in einem Fernsehinterview, »wie wir Mütterarbeit bezahlen sollen, wenn wir kein Geld dafür haben, dann möchte ich sagen, daß vielleicht in einigen Männerberufen etwas länger gearbeitet werden muß als nur 38 oder 40 Stunden, um die nötigen Mittel dafür aufzubringen. Sonst weiß ich nicht, wie wir den Verhaltensstörungen noch begegnen sollen.« Man stelle sich einmal die wütende Reaktion der Männerwelt – allen voran der Gewerkschaften – vor, würde dieser Vorschlag von den Politikern ernsthaft aufgegriffen!

Bei aller Schwierigkeit der Realisierung ist die Forderung nach einem Müttergehalt wirtschaftlich mehr als sinnvoll; denn alle noch so hohen finanziellen Aufwendungen hierfür sind um ein Wesentliches geringer als die Kosten, die wir für die Betreuung psychisch gestörter und körperlich kranker Kinder als Folge der Verkümmerung aufwenden müssen, ganz zu schweigen von den unvorstellbar hohen Summen, die eine weiter ansteigende Jugendkriminalität verschlingt.

Darauf hat die bekannte Psychagogin Christa Meves mit eindringlichen Worten hingewiesen, denen man eigentlich nichts mehr hinzuzufügen braucht: »Was jetzt schon bezahlt wird für die 60000 Rauschgiftsüchtigen, die keiner von uns mehr heil machen kann; für die 2 Millionen Alkoholiker, die nur sehr selten wieder wirklich absolut geheilt werden; für die unendlich vielen, immer wieder rückfällig werdenden Diebe und Räuber; für die Terroristen mit ihren Appartements in den Gefängnissen; für die ungeheuerliche Menge der Bewachungen, die für unsere Politiker notwendig ist – es ist jetzt bereits eine Riesensumme, die anfällt für eine Therapie, die häufig sehr effektiv nicht mehr sein kann. Der Mensch ist kein Auto, das man in der Reparaturwerkstatt abgeben kann, wo dann ein kleiner Haken ein wenig anders gedreht wird, und dann ist es gleich wieder flott. Weil das so ist, ist Prophylaxe hier unabdingbar nötig und ganz gewiß billiger und konstruktiver – selbst im finanziellen Bereich.« – Und mir scheint, ein Muttergehalt ist eine gute Prophylaxe! Wir sollten nicht weiterhin die Fehler machen, die in kommunistischen Ländern inzwischen erkannt und bekämpft werden. So stellen DDR-Wissenschaftler die Krippenerziehung in Frage und fordern familiäre Nestwärme in den ersten drei Lebensjahren; Untersuchungen in der Tschechoslowakei und der Sowjetunion deuten darauf hin, daß keine pädagogische Einrichtung in der frühen Kinderzeit die Förderung des Kindes durch eine Familie ersetzen kann. Insbesondere in Rußland sucht man nach Wegen, Mütterarbeit während der ersten Lebensjahre der Kinder zu bezahlen. Lernen wir aus den Erfahrungen dieser Länder, ehe es zu spät ist! Darum ist zu fordern:

● Abbau der Heimerziehung durch Vermittlung von Pflegeeltern
Es hat den Anschein, daß in der Bundesrepublik der institutionellen Erziehung in Heimen der Vorzug vor der personalen Erziehung durch Pflegeeltern eingeräumt wird. Wie sonst ist es zu erklären, daß wir den Heimen viel mehr Geld geben als der Mutter, die ein Kind in Pflege nimmt. Wie teuer eine Heimunterbringung ist, geht aus einer Auskunft des Landschaftsverbandes Westfalen hervor, nach der die Kosten – je nach Trägerschaft – pro Tag und Platz zwischen 100,– und 200,– DM liegen. Interessant ist dabei, daß die Kosten der freien Träger im Durchschnitt nur die Hälfte der öffentlichen Träger ausmachen. Während eine Heimunterbringung monatlich zwischen 3000,– und 6000,– DM kostet, bekommt eine Pflegemutter keine 1000,– DM je Kind. Das bedeutet: Wir billigen der Mutter nicht einmal den Betrag pro Monat zu, den das Heim in der Woche bekommt. Dabei ist das Kind in einer Pflegefamilie bei weitem besser aufgehoben als im Heim.

● Erleichterung und Förderung von Adoptionen
Der beste Weg, ein elternloses oder elternarmes Kind aufzuziehen, ist die Adoption. Leider wird sie bei uns noch nicht so gefördert oder als selbstverständlich angesehen wie in den angelsächsischen Ländern. Trotz der Erleichterungen durch Gesetzesänderungen leben noch viel zu viele adoptionsfähige Kinder in Heimen. Die Jugendämter müssen lernen umzudenken: Statt für die Verbesserung der Heimsituation zu kämpfen, sollten sie ihre ganze Aufmerksamkeit darauf verwenden, möglichst früh nach der Geburt die Säuglinge aus dem Heim zu holen, indem sie ihnen unbürokratisch Adoptiveltern vermitteln. Die lange Warteliste der Eltern, die gern ein Kind

adoptieren möchten, könnte wesentlich verkürzt werden, wenn die Schwangerschaftsberatung stärker auf die Fortsetzung der Schwangerschaft als auf Abtreibung ausgerichtet wäre. Es muß doch möglich sein, begreiflich zu machen, um wieviel besser es ist, ein ungewolltes Kind auf die Welt zu bringen und es dann kinderlieben Ehepaaren, die sehnsüchtig darauf warten, zur Adoption zu übergeben, als es abzutreiben.

● Lösung der sogenannten »Frauenfrage«
Es bedarf dringend konkreter Programme, um die Frau und Mutter wieder stärker in die Familie zurückzuholen. Die beschriebene Einführung des Babyjahres oder gar eines Müttergehaltes wäre eine Möglichkeit, wenn man bedenkt, was auf dem Spiel steht. Die junge Frau mit Beruf, Ansehen und eigenem Einkommen wird künftig immer weniger bereit sein, ihre Unabhängigkeit zugunsten der Gründung einer Familie aufzugeben, wenn der Staat das nicht – ähnlich wie jeden anderen »Beruf« – honoriert. Dabei schwebt mir als Endziel vor, einen Weg zu finden, der es auch der industriellen Gesellschaft erlaubt, in vielen Bereichen und über einen längeren Zeitraum auf die Arbeit der Mütter zu verzichten. Vielleicht könnte damit auch dem Gespenst der zunehmenden Arbeitslosigkeit der Schrecken genommen werden.

● Förderung und Schutz der Familie auf allen Gebieten
Der seit über einem Jahrzehnt anhaltende Geburtenrückgang ist mittlerweile so bedrohlich, daß langfristig der Bestand unseres Volkes gefährdet ist. Wenn auch der Geburtenschwund ein europäisches Problem ist, so darf nicht übersehen werden, daß wir in der Bundesrepublik mittlerweile am Ende der Skala liegen – noch hinter der DDR. Deshalb heißt die Nummer eins der innenpolitischen Forderungen für die kommenden Jahre: Familienpolitik. Da dieser Punkt eine zentrale Bedeutung hat, soll im Schlußkapitel noch ausführlich davon gesprochen werden. (s. S. 149 ff.).

Zur Lust erziehen

Menschliche Geschlechtlichkeit ist mit einem Gefühl der Beglük-
kung verbunden, das intensiv leiblich und seelisch empfunden wird
und das wir Lust nennen. Lust ist nichts Schlechtes. Sexuelle Genußfähigkeit ist ein hoher menschlicher Wert. Sie ist uneingeschränkt zu
bejahen. Lustvolle Körperempfindung macht zwar nicht allein das
Wesen menschlicher Geschlechtlichkeit aus, wie manche Sexualre-
former uns weismachen wollen, doch gehört sie wesentlich mit dazu.
Wir tun uns manchmal etwas schwer, die Lust als Wert anzusehen
und schätzen Menschen hoch ein, die in ihrer Arbeit aufgehen, die
ihre Pflicht erfüllen: »Sein Leben war Pflichterfüllung und Sorge für
die Seinen« gilt als ehrenhafter Nachruf und hohes Lob. Allenfalls
sehen wir Freude als ein erstrebenswertes Gut an. »Freude« klingt

»so schön geistig«. Wer mag offen davon sprechen, daß er richtiges Vergnügen hat, daß ihm etwas Spaß macht, daß er Lust auf etwas hat. Wer gibt schon gern zu, daß er weitaus lieber Krimis, Western oder Showsendungen im Fernsehen sieht als politische Sendungen, Dokumentarfilme, wissenschaftliche Filme? Wir meinen immer, wir vergäben uns etwas, wenn wir uns zu diesen Gefühlen bekennen. Je mehr einer »gebildet« ist, desto weniger spricht er von Vergnügen, Spaß und Lust.

Die Lust zu leben

Die Grundlage aller Lusterfahrung ist die Lust zu leben. Der Spaß, den Eltern an ihrem Kind haben und ihm sinnfällig zeigen, wird zur Grunderfahrung für seine Lust zu leben. Wer als Erzieher die Welt nicht bejahen kann, trotz aller Mängel und aller Not, die uns tagtäglich begegnen, der kann Kinder nicht zu positiv eingestellten Menschen erziehen. Deshalb heißt geschlechtliche Erziehung auch, von Anfang an die Lust als einen Wert darzustellen und in diesem Sinn das Kind zur Lustfähigkeit zu erziehen. So soll es seiner Entwicklung entsprechend erfahren, daß es lustvolle Körperempfindungen gibt und Lusterfahrungen in vielen anderen menschlichen Bereichen. Ebenso muß es aber lernen, die Lust in das Gesamt seiner Lebenserfahrung einzuordnen, was nicht ohne leidvolle Erfahrung, Entbehrung und Verzicht geschieht.

Urbedürfnisse des Säuglings

Auf die Bedeutung frühkindlicher Erlebnisse und Empfindungen für die spätere Entwicklung und sittliche Haltung haben uns psychoanalytische Studien aufmerksam gemacht. Vor allem Sigmund Freud wies auf diese Zusammenhänge hin. Die Psychoanalytiker glauben, daß eine normale Reifung nur dann möglich ist, wenn in den frühesten Stadien der kindlichen Entwicklung keine groben Störungen eintreten. Neueren psychologischen Erkenntnissen zufolge kommt es darauf an, daß die »Urbedürfnisse« des Säuglings befriedigt werden. Was ist damit gemeint? Das Wort Bedürfnis leidet in der Umgangssprache unter einer gewissen Abwertung. In der Psychologie versteht man darunter »Motoren«, die uns antreiben, etwas Bestimmtes zu tun. Einige dieser »Bedürfnisse« sind angeboren, die Mehrzahl jedoch wird im Laufe des Lebens durch vielseitige Lernvorgänge erworben. So bringt jedes Kind, das das Licht der Welt erblickt, bestimmte »Urbedürfnisse« gleichsam als Ausstattung mit: das Verlangen nach Sauerstoff und Schlaf sowie die Organbedürfnisse Hunger und Durst. Diese Bedürfnisse entstehen bei Störungen des biologischen Gleichgewichts; ihre Befriedigung ist für die Erhaltung des Lebens unentbehrlich und löst beim Säugling Entspannung oder Lustgefühle aus, das Versagen hingegen Spannung oder Unlustgefühle. Ist das Baby hungrig oder müde, so spannen sich die Muskeln, es wird unruhig und schreit. Ist es dagegen satt und ausgeschlafen, so entspannt sich die Muskulatur, das Baby lächelt, lallt und schläft später beruhigt wieder ein.

Angeboren scheint auch noch ein anderes Bedürfnis zu sein: die Neugier. Schon bei ganz kleinen Kindern kann man beobachten, wie sie auf Geräusche horchen und reagieren, nach Gegenständen mit den Händen fassen und sie in den Mund stecken, um sie näher zu untersuchen. Dieses Neugierverhalten ist gekoppelt mit dem spontanen Reagieren auf Sinnesreize.

Zu den angeborenen oder »primären« Bedürfnissen kommen im Laufe des Lebens zahlreiche neue, das heißt »sekundäre« hinzu, die durch die Umwelt erworben werden. Dazu zählen der Rede- und Wissensdrang, das Streben nach Leistung und Besitz, der Wunsch nach Liebe und Anerkennung. Die einzelnen Motive, die Menschen etwa bewegen, Körperhygiene zu betreiben, Ordnung zu halten, Briefmarken zu sammeln, Reisen zu unternehmen, ein Haus zu bauen oder zu studieren, lösen einander ständig ab, überlagern sich, werden abgewandelt und dadurch verändert. Dabei wird der Beweggrund, so oder so zu handeln, wesentlich beeinflußt durch Erfolg und Mißerfolg. Das Zusammenspiel primärer und sekundärer Bedürfnisse bestimmt also unser Handeln.

Ähnlich wie schon Sigmund Freud sind zeitgenössische Psychologen, wie zum Beispiel A.H. Maslow, der Ansicht, daß die einzelnen Bedürfnisse zu verschiedenen Zeiten der kindlichen Entwicklung verschiedene Bedeutung haben. Als grundlegend werden die biologischen Bedürfnisse angesehen, die in der menschlichen Entwicklung in der ersten Zeit nach der Geburt im Vordergrund stehen. Die Bedürfnisse nach Sicherheit schließen sich an. Erst dann folgt das Bedürfnis nach Geborgenheit und Liebe. Wiederum später in der Entwicklung treten Bedürfnisse nach Ansehen und Geltung auf. Die Spitze dieser Bedürfnis-Hierarchie nimmt das Verlangen nach Selbstgestaltung und Selbstverwirklichung ein, das im allgemeinen erst während der Reifezeit wirksam wird.

Man nimmt nun an, daß erst die tieferliegenden Bedürfnisse gestillt sein müssen, bevor »höhere« Bedürfnisse auftauchen. So ist ein Kind nur dann in der Lage, Liebe zu geben und anzunehmen, wenn die dringlichsten Nahrungssorgen beseitigt sind. Der höchsten Rangstufe, der Selbstverwirklichung, gehen die positiven Erfahrungen bei allen übrigen genannten Bedürfnissen und Zielen voraus. Wer deshalb nie Geborgenheit, Liebe und soziale Anerkennung erfahren hat, zeigt kein Bedürfnis, das eigene Geschick in die Hand zu nehmen und aus sich das Beste zu machen.

Hier wird deutlich, in welchem Maße menschliche Entwicklung von personalen und sozialen Beziehungen abhängig ist. Noch immer sind es die Eltern, die das Schicksal ihrer Kinder weitgehend bestimmen. Das gilt in besonderer Weise für die geschlechtliche Entwicklung, die nur dann gelingen kann, wenn sie sich an den Bedürfnissen des Kindes orientiert.

Die Lust zu saugen

Wenn das Kind auf die Welt kommt, ist es körperlich und geistig noch unfertig. Seine Fähigkeit, die Umwelt durch die Sinne wahrzunehmen, ist ganz unterschiedlich ausgeprägt. Am weitesten entwickelt ist die Empfindlichkeit der Haut und der Schleimhäute. Haut und Mund sind deshalb für das Entstehen der innigen Beziehungen zwischen Mutter und Kind von größter Bedeutung. Der Quell der Lust für einen Säugling ist immer noch das Saugen an der Mutterbrust; dabei fühlt er sich rundherum wohl. Der einzigartige Hautkontakt mit der Mutter ist für das Kind genauso wichtig wie die Nahrungsaufnahme selbst. Die Körperwärme und Berührung der Mutter steigern die Lust, die beim Saugen empfunden wird. Daß das Saugen an der weichen, lebendigen, warmen Brust der Mutter angenehmere Empfindungen vermittelt als das Saugen am Gummistopfen des Fläschchens, leuchtet ein.

Beim Stillen ist der leibliche Kontakt zur Mutter weitaus größer als bei Verabreichung der Flaschennahrung. Deshalb sollte das Stillen immer der erste, eigentliche Weg der Ernährung eines Babys sein, das Fläschchen nur der Ersatz, die Ausnahme. Leider ist das heute nicht selbstverständlich. Manche Mutter, die bedauernd äußert, nicht genug Milch zu haben, im Grunde aber gar nicht stillen will, sollte sich ernsthaft überlegen, ob nicht die gesunde körperliche und seelische Entwicklung ihres Kindes wichtiger ist als Fragen der Figur. Für das Stillen spricht auch, daß Muttermilch für das Kind am bekömmlichsten ist. Sie verursacht die wenigsten Blähungen und ähnliche Spannungszustände. Ein Brustkind kann bis zu drei Tagen ohne Stuhlgang sein, weil die aufgenommene Nahrung ideal verarbeitet wird.

Doch muß gesagt werden, daß die harmonische Entwicklung eines Kindes nicht allein vom Stillen abhängt, so wichtig es auch ist. Wenn eine Frau zuwenig Milch hat und das Saugen des Kindes für sie zu einer schmerzlichen Angelegenheit wird, tut sie besser daran, ihm die Flasche zu geben. Sie sollte das möglichst selbst tun und nicht wechselnd andere Personen damit beauftragen. Sie sollte sich Zeit zum Füttern lassen, ihr Kind herzen und streicheln und es liebevoll und behutsam an sich drücken. Wichtig ist dabei, daß das Essen ein zärtliches Vergnügen bleibt und über die Haut angenehme Empfindungen gegeben werden. Denn beim Füttern und Pflegen entsteht die wichtigste Grundlage für eine tiefe menschliche Bindung zwischen Mutter und Kind.

Eine Unsitte ist es, das Loch im Schnuller so groß zu machen, daß das

Kind schnell mit dem Fläschchen fertig ist. Das Saugbedürfnis ist sehr stark, so daß es schon von daher besser ist, das Kind 20 Minuten saugen zu lassen als nur zehn.

Die Frage nach dem Saugen am Schnuller oder Lutschen am Daumen oder Finger möchte ich dahingehend beantworten, daß es eigentlich keinen Grund gibt, das nicht zu gestatten. Der Sauginstinkt muß befriedigt werden. Warum sollten Daumen und Schnuller nicht eine ergänzende Hilfe sein? Wichtiger aber ist, daß zuerst bei der Nahrungsaufnahme ausreichend Zeit zum Saugen gegeben wird. Übermäßiges Saugen an Schnuller oder Daumen kann darüber hinaus oft ein Zeichen dafür sein, daß andere Lusterfahrungen beim Kind zu kurz kommen, auf die wir noch eingehen werden. Eine weitere Frage, die immer wieder gestellt wird, ist, ob man das Kind möglichst früh an einen pünktlichen »Nahrungsfahrplan« gewöhnen sollte oder ihm zu trinken gibt, wenn es schreit, das heißt, wenn es Hunger hat.

Schreien ist Sprache des Babys

Das erste, was ein Mensch tut, wenn er auf die Welt kommt: er schreit. Die Behauptung »Schreien kräftigt die Lungen des Babys« ist längst widerlegt. Kein Säugling schreit ohne Grund. Schreien ist vielmehr die Sprache des Babys, die einzige Möglichkeit kundzutun: Mir fehlt etwas! Schreien ist immer ein Signal, daß sich das Kind nicht wohl fühlt. Der Säugling schreit, wenn er Hunger hat. Er schreit, wenn er allein gelassen wird. Er schreit, wenn etwas weh tut. Er schreit, wenn er Angst hat. Er ruft mit seinem Schrei nach Nahrung, nach Wärme, nach Hilfe, nach Schutz und Nähe. Er schreit die Mutter herbei und will Antwort haben.

Verhaltensforscher sind der Ansicht, daß Säuglingsweinen den biologischen Sinn hat, die angeborenen, aber noch schlummernden fürsorglichen mütterlichen »Instinkte« zu wecken. Ähnlich den Brutpflegeinstinkten bei Tieren – so argumentieren sie – existieren im Menschen Instinkte der Fürsorge, der liebevollen Zuwendung, des Beschützen-Wollens und Sich-Sorgens um das Kind. Deshalb empfehlen Biologen und Kinderärzte der Mutter, ihr Baby nicht einfach schreien zu lassen, sondern aus Tonlage und Lautstärke herauszuhören, warum es schreit, damit sie es wieder beruhigen kann. Das Schreien hat sicher seinen Grund, und man sollte etwas dagegen tun. Das Kind muß sich an sein neues Leben außerhalb des Mutterleibes gewöhnen. Je leichter diese Eingewöhnung vor sich geht, je ruhiger das Kind und die Mutter sind, desto harmonischer verläuft seine Entwicklung. Am besten ist es, wenn das Kind sofort gefüttert wird, wenn es vor Hunger schreit. Eine aufmerksame Mutter wird schnell heraushören, wenn das der Fall ist. Ich empfinde es als unverantwortliche Härte, einem Kind, das nach Nahrung verlangt, diese aus pädagogischen Gründen zu verweigern, weil man befürchtet, es könne verwöhnt werden. Das Problem der Verwöhnung taucht erst später auf. Am Anfang sollte die Befriedigung des Luststrebens eindeutig Vorrang haben, da Lust und Liebe eng miteinander verknüpft sind. Wenn wir uns an den eingangs erwähnten Zusammenhang von Befriedigung des Urbedürfnisses nach Nahrung und Aufbau persönlicher Beziehungen erinnern, wird es leichter fallen, dafür Opfer zu bringen und auch einmal nachts aufzustehen, wenn das Baby vor Hunger schreit. Meist genügt eine kleine Zwischenmahlzeit zur Beruhigung.

Es ist nicht gleichgültig, ob eine junge Mutter das Schreien des Neugeborenen hört oder nicht. Wenn man in manchen Krankenhäusern noch immer der Mutter das Neugeborene wegnimmt und ihr den sturen Rat des »Schreienlassens« gibt, so ist das nicht nur für das Baby unverantwortlich, sondern kann auch zur Störung der sozialen Mutter-Kind-Beziehung beitragen. Die teilweise noch übliche Praxis, alle vier Stunden nach Plan eine festgelegte Menge zu füttern, führt dazu, das Baby mitten aus dem Schlaf zu wecken, wenn die Zeit »da« ist, und umgekehrt, das Hungerschreien zu überhören bis das Kind »dran« ist. Wenn man sich die Fütterungszeiten nicht sklavisch von der Uhr diktieren läßt, sondern sich nach den Bedürfnissen des Babys richtet, stellt sich nach ungefähr acht Wochen ein *natürlicher* Schlaf-Wach-Rhythmus ein, der in etwa einem Vierstundenrhythmus (nachts acht Stunden) entspricht. Auch ist es sinnvoll, dem Baby das Recht einzuräumen, weniger zu trinken, als die Tabelle vorschreibt, oder etwas mehr, wenn es noch nicht satt ist. Jedes Baby hat seinen persönlichen Nahrungsbedarf, der von der Norm abweichen kann. Solange es an Gewicht zunimmt, ist jede Aufregung überflüssig. Und reagiert das Baby einmal trinkfaul, ängstlich oder müde, so versucht die Mutter trotzdem, Ruhe, Wärme und Gelassenheit auszustrahlen.

Sicherlich ist die notwendige Ausgeglichenheit der Mutter nicht immer leicht zu bewahren. Das Baby nimmt sie in der ersten Zeit vielleicht mehr in Anspruch, als sie erwartet hat. Sind neben dem Baby noch ein oder mehrere, womöglich kleine Kinder zu versorgen, kann die Zeit knapp werden. Wie soll die Mutter da an sich denken, wie sich von der Entbindung und dem anstrengenden Stillen erholen und Zeit zur Ruhe finden? Deshalb sind in Mehrkinderfamilien Mithilfe und Unterstützung durch den Ehemann und die älteren Geschwister besonders wichtig. Wo eine Oma oder eine bezahlte Stundenhilfe die Mutter für ihr Baby und die eigene Ruhe entlasten kann, sollten damit verbundene finanzielle und räumliche Einschränkungen in Kauf genommen werden.

Es ist die Aufgabe junger Eltern, ein Kind, das auf die Welt kommt, um seiner selbst willen anzunehmen. Denn der Säugling hat in der ersten Zeit unendlich viel zu lernen. Das kann er aber nur in einer ruhigen Atmosphäre, in der auf seine Bedürfnisse und Reaktionen geachtet wird. Dann wird auch die Aufgabe der geschlechtlichen Erziehung verwirklicht, durch verläßliche und liebevolle Zuwendung die auf sich selbst bezogenen »egoistischen« Bedürfnisse des Säuglings zu »stillen« und so die Hinwendung vom Ich zum Du, vom Objekt zur Person, von der Lust zur Liebe anzubahnen.

Zum Verzicht erziehen

Die Bejahung sexueller Lust bedeutet nicht, überall und jederzeit dem sexuellen Trieb nachzugeben. Die eigenen Wünsche müssen stets den anderen im Auge behalten. Bedürfnisse des einen finden dort ihre Grenze, wo Bedürfnisse des anderen beginnen. Wer im sexuellen Bereich keinen Triebaufschub lernt, kann nicht partnerschaftlich lieben. Die Fähigkeit, freiwillig auf die Befriedigung sexueller Wünsche zu verzichten, weil sie die Freiheit und das Glück des Partners beeinträchtigen, gehört zur humanen Gestaltung menschlicher Geschlechtlichkeit.

Ein liebendes Paar wird auf die Dauer nicht allein darin sein Glück finden können, daß jeder von beiden sexuelle Befriedigung erfährt. Das ist zwar notwendig und darf nicht fehlen. Doch muß etwas hinzukommen, wenn es sich um echte Liebe handelt. Wahre Liebe kann auch auf die Befriedigung eigener sexueller Wünsche verzichten, wenn der geliebte Partner durch irgendwelche Umstände nicht dazu in der Lage ist. Ohne Rücksichtnahme, ohne Verzicht aus Respekt vor der partnerschaftlichen Verantwortung kann keine dauerhafte, glückliche menschliche Begegnung stattfinden. Erziehung zur Verzichtfähigkeit ist darum ein wichtiges Anliegen geschlechtlicher Erziehung, das in der heutigen Zeit sicher nicht leicht zu verwirklichen ist. Erreicht wird dieses Ziel jedoch nur, wenn das Besitzstreben des Kindes genügend beachtet wird. Bevor das Kind lernt zu geben, muß es erst lernen zu nehmen.

Gesundes Besitzstreben

Das Streben des Menschen nach Besitz gehört zu seiner Natur. Der Selbsterhaltungstrieb treibt ihn dazu an, sich Eigentum zu erkämpfen, Lebensraum zu sichern, der ihn überleben läßt. Auch in hochzivilisierten Gesellschaften kann dieses Streben nach Besitz nicht einfach abgeschüttelt, das heißt unterdrückt werden. Es geht vielmehr darum, kultivierte Ausdrucksformen zu suchen und dieses Besitzstreben in soziale Bahnen zu lenken.

Schon beim Säugling ist dieses Streben nach Besitz, das »Haben-Wollen«, stark ausgeprägt. Konzentriert sich dieses Bedürfnis zunächst auf die Nahrung, wie wir sahen, so greift es schon bald auf andere Bereiche über. Mit den Händen will er alles ergreifen, an sich reißen, in den Mund stecken. Er geht dazu über, mit allen Sinnen die Welt zu erobern, in Besitz zu nehmen. Lebensfreude und Lebensbejahung können bei einem Kinde aber nur aufkommen, wenn dieser ursprüngliche Drang des »Haben-Wollens« anerkannt und das Verlangen des Kindes als etwas Gutes und Notwendiges akzeptiert wird.

Im Kleinkindalter muß eine Phase durchlaufen werden, in der das Besitzstreben des Kindes gesättigt wird. Das gelingt, wenn man Kindern gestattet, einen Eigenbereich innerhalb der Familie aufzubauen. Damit ist nicht unbedingt das eigene Zimmer gemeint, sondern es genügt das eigene Bett, der eigene Schrank, die eigene Spielzeugkiste, das eigene Spielzeug, der eigene Platz am Tisch, ja, auch der eigene Teller mit Besteck.

Kinder benötigen einen Besitz, der ihnen ganz allein gehört, den keiner antastet, den selbst die Eltern respektieren. Das bedeutet, daß eine Mutter, wenn ihr Kind dem Bruder oder Freund die Benutzung seines Spielzeuges verweigert, nicht mit Gewalt das Kind zwingen darf, es herzugeben. Es muß in der Familie selbstverständlich Brauch sein, daß bei Benutzung eines Eigentums immer der gefragt wird, dem es gehört. Fragt Klaus die Mutter, ob er mit dem Roller von Marika fahren darf, so lautet die Antwort:»Frag Marika doch selber. Mir gehört der Roller nicht. Ich kann nicht darüber bestimmen.« Vor allen Dingen dürfen die Besitzgrenzen nicht verwischt werden:»Stell dich nicht so an! Die Spielsachen gehören euch doch zusammen!« Mit solchen Aussprüchen muß man vorsichtig sein, ebenso mit Geschenken»für alle Kinder zusammen«. Soziales Verhalten bedeutet in erster Linie, von meinem eigenen Besitz abzugeben, mein Brot zu teilen mit anderen. Diese Haltung will behutsam gelernt werden.

Wächst ein Kind in einer Familie auf, in der es auf seine Wünsche und sein Begehren zu früh und zu viel Ablehnung und Zurückweisung erfährt, so erlebt es in der frühesten Kindheit nicht das Glück und den Genuß des Besitzens. Eine Erziehung zu allzu großer Bescheidenheit läßt leicht Habgier und Neid entstehen. Vor allem aber wird es ihm schwerfallen, freudig zu geben, zu schenken. Denn schenkfreudige Gebebereitschaft kann nur entstehen, wo der natürliche Drang des Kindes zum»Haben-Wollen«ernstgenommen wird. Geschieht das nicht, so können auch Störungen in der geschlechtlichen Erziehung entstehen, die ja Kinder zu partnerschaftlichem Verhalten bringen will. Geben- und Nehmenkönnen ist für die Beziehung der Geschlechter zueinander sowohl im engeren sexuellen als auch im allgemeinen menschlichen Bereich äußerst bedeutsam.

Verzicht aus Vertrauen und Liebe

Auf ursprüngliche, triebhafte Bedürfnisse zu verzichten wird von allen Menschen verlangt, die miteinander leben:
Der dreijährige Frank soll sich mit seiner Schwester vertragen, an der er sich gern für erlittene Prügel rächen möchte.
Der siebenjährige Daniel soll mitten im Spiel aufhören und zum Essen kommen, obwohl er gern weiterbauen möchte.
Die zwölfjährige Alexa muß Vokabeln lernen, während ihre Freundin schwimmen geht.
Die kinderreiche Hausfrau muß putzen, während die kinderlose Nachbarin im Café sitzt.
Der Vater beherrscht seine sexuellen Wünsche, weil seine Frau krank ist.
Das Zusammenleben in einer Gemeinschaft verlangt von jedem, seine eigenen Bedürfnisse in Beziehung zu setzen zu den Bedürfnissen der Mitmenschen: Ich kann nicht in jedem Moment alles haben, was ich möchte, da der andere auch Wünsche hat. Immer dann, wenn meine Wünsche mit denen des anderen in Konflikt geraten, ist die Grenze der Freiheit erreicht, muß ein Kompromiß geschlossen werden, der Verzichtleistungen fordert.
Verwöhnte Kinder können nicht warten. Sie haben es nicht gelernt, weil ihre Erzieher unfähig sind, ihnen einen Wunsch zu verweigern. Aus falsch verstandenem Freiheitsdenken, vielleicht auch aus Angst, dem Kind Schaden zuzufügen, wagen sie es nicht, den Verzicht von ihm zu fordern. Vielleicht fürchten sie auch den Widerstand und den Trotz des Kindes, den sie glauben, nicht aushalten zu können. Das Training zum Wartenkönnen verlangt auch vom Erzieher Kraft.
Für die geschlechtliche Erziehung ist es von großer Bedeutung, daß ein Kind schon früh lernt, nicht jedem Verlangen sofort nachzugeben; »die Fähigkeit, bewußt verzichten zu können, ist eine der wesentlichen Voraussetzungen für eine bewußte Gestaltung der zwischenmenschlichen Beziehungen von Mann und Frau« (H. Hunger). Es ist deshalb ein großer Fehler der heutigen Zeit, wenn Kindern alle Wünsche sofort erfüllt werden. Wie können wir von ihnen spä-

ter Verzichtleistungen erwarten, wenn sie im Kleinkindalter nicht schon allmählich dazu befähigt worden sind? Wie kann ich von einem Sechzehnjährigen erwarten, mit dem Geschlechtsverkehr noch einige Zeit zu warten, wenn die Haltung des »Warten-Könnens« nicht schon im Kleinkindalter eingeübt worden ist? Auf welche Weise nun veranlassen wir ein kleines Kind, die Erfüllung eines Wunsches aufzuschieben oder ganz darauf zu verzichten? Es wird oft der Rat gegeben, Einsicht in die Notwendigkeit zu lehren. Aber es kennzeichnet ja gerade das kleine Kind, daß es noch keine Einsicht hat. Wir verbieten ja deshalb etwas oder wenden auch mal Zwang an, weil es beim Kind an Einsicht fehlt. Die Triebsteuerung im Kleinkindalter dürfen wir also kaum auf Einsicht und Willen gründen, vielmehr sollten wir sie im gefühlsmäßigen Bereich verankern. Die Psychotherapeutin Edeltraud Knehr sagt dazu: »Wir verlassen uns auf das Vertrauen, das das kleine Kind zu seinen Eltern hat, denn auf ihm gründet sich sein Bemühen, nach ihrem Wunsch zu handeln, weil es sie liebt.«

Daß Lustbefriedigung nicht immer möglich ist, erfährt das Kind zuerst bei den Nahrungszeiten. Es ist kein Widerspruch zu dem im vorherigen Abschnitt Gesagten, wenn man allmählich dazu übergeht, die Mahlzeiten pünktlich zu verabreichen. Jedoch sollte das Kind behutsam dahin geführt werden. Es kann darauf vertrauen, daß seine Lust zu bestimmten Zeiten mit Sicherheit erfüllt wird, soll aber auch lernen, daß sein Schreien nicht die Befriedigung der Lust »erzwingen« kann. Das Vertrauen gründet sich dabei auf die Regelmäßigkeit der Mahlzeiten. Je zuverlässiger die Mutter damit ist, desto größer wird das Vertrauen und damit die Gewöhnung an das Warten,

Wichtig ist, daß als Ersatz für den Verzicht gefühlsmäßige Beweise der Sicherheit, Geborgenheit und Liebe gegeben werden, durch die das Kind das elterliche Interesse an seiner Person spürt und erlebt: Auch wenn ich dies oder jenes nicht bekomme, so kann ich doch darauf vertrauen, daß meine Wünsche ernstgenommen werden.

Eine Entwöhnung vom Fläschchen z.B. sollte immer in Etappen vor sich gehen und von zärtlichen Aufmerksamkeiten begleitet sein, damit sich beim Kind nicht das Gefühl festsetzt, es dürfe die Flasche nicht mehr haben, weil es nicht lieb sei oder weil die Mama es nicht mehr lieb habe. Weiß ein Kind sich geliebt, so bleibt sein Vertrauen in die Welt, selbst wenn es Entbehrungsgefühle erlebt. Jeder Verzicht muß aus dem Zusammenleben notwendig werden, sonst ist er nicht einleuchtend. Das Einüben des Verzichten-Könnens und des Triebaufschubs geschieht nicht um seiner selbst willen, sondern weil etwas anderes notwendiger oder wichtiger ist oder um eines höheren Wertes willen.

Wenn wir dem Kind einen Wunsch verweigern, so ist die Art, wie das geschieht, sehr wesentlich für ein erfolgreiches Training des Warten-Könnens. Wir geben gleich eine freundliche Antwort, schieben aber mit ihr die Erfüllung des Wunsches ein wenig hinaus: Je nach Art des Wunsches und unserer Auffassung schalten wir Minuten, Stunden, Tage oder längere Zeiträume bis zur Erfüllung ein. Unsere Antwort kommt nicht gereizt, sondern verständnisvoll, aber bestimmt. Dann weiß das Kind, woran es ist. *»Gleich helfe ich dir, ich muß erst mit der Küche fertig sein«*, antwortet die Mutter.

Andreas: *»Papa, kaufst du mir das Feuerwehrauto? Weißt du, das heute aus dem Schaufenster?«*

Vater: *»Nun, Andreas, so kurz vor Weihnachten geht das kaum.«*

Andreas: *»Krieg' ich denn Weihnachten eins?«*

Vater: *»Ich glaube schon. Wir sprechen nächsten Monat noch einmal darüber. Wenn du es dir dann immer noch so sehr wünschst, sollst du Weihnachten das Auto bekommen.«*

Fröhlich hüpft Andreas davon. Er findet sich ohne Murren damit ab. Sein Wunsch an sich wurde ja nicht abgelehnt, sondern nur der Zeitpunkt der Erfüllung. Durch solches Verhalten wird den Kindern das Nicht-haben-Können erleichtert.

Der sechsjährige Jörg fragt seinen Vater:

»Papa, bekomme ich zum Geburtstag eine elektrische Eisenbahn?«

Darauf der Vater: *»Nein, mein Kind, dafür bist du noch zu klein.«*

Jörg: *»Ich bin aber schon ganz groß und kann damit spielen.«*

Vater: *»Weißt du, das ist gar nicht so leicht: die Schienen zusammenstecken, den Transformator bedienen und so manches andere; das kann ein Kind erst, wenn es neun Jahre alt ist.«*

Jörg: »*Papa, kaufst du mir denn eine Eisenbahn, wenn ich neun Jahre alt bin?*«
Vater: »*Aber sicher, eine ganz schöne sogar, mit vielen Wagen und zwei Lokomotiven.*«
Mit sechs Jahren ist das Kind alt genug, Verständnis aufzubringen und auch länger zu warten. Bei der Eisenbahn sind es aber oft die Väter, die es selbst nicht abwarten können, bis das gewünschte Spielzeug im Hause ist. Wer selbst ungeduldig ist, kann seine Kinder kaum zur Geduld erziehen. Wer rücksichtslos seine Ansprüche gegen den Ehepartner oder seine Kinder durchsetzt, kann von ihnen keine Rücksichtnahme erwarten. Kinder übernehmen in ihrer Haltung weit mehr von ihren Eltern, als diese meinen – im Positiven wie im Negativen.

Sicherlich gibt es Wünsche der Kinder, die nicht erfüllbar sind, die wir ihnen nicht gewähren können oder wollen. Wir sollten das klar und deutlich aussprechen und unsere Entscheidung begründen. Jene unselige Welle, die dem Kind alles gab, wenn es danach verlangte, hat unsere Jugend in die Sklaverei der Verwöhnung gebracht. Konrad Lorenz geht so weit zu sagen, daß die Übertreibung des Lustprinzips und die Vermeidung jeglicher Unlust eine der »Todsünden der zivilisierten Menschheit« sei.

Freiheit ohne Grenzen?

Kinder brauchen einen großen Freiraum, in dem sie spielen dürfen, ihre Selbständigkeit entfalten und ihren eigenen Willen erproben können. Eltern sollten sie dabei beachten, ihre Selbständigkeit und ihre Eigeninitiative loben und sie darin bestärken.
Eine Behinderung der kindlichen Entfaltung, ein Unterdrücken der Kräfte des Kindes führen, wie uns die Psychologie gezeigt hat, zu einer seelisch-geistigen Fehlentwicklung. Ein solches Kind wird als Erwachsener nur unter Schwierigkeiten fähig sein, Entschlüsse zu fassen, Initiative zu entwickeln, aktiv zu werden. Lahmheit, Passivität, Zweifel und Zaudern sind für Menschen charakteristisch, die als Kinder nie etwas »zerstören« durften.

Das soll nun nicht etwa heißen, daß Eltern aus falsch verstandenem Freiheitsdenken ihrem Kind ohne Einschränkung alles erlauben und jeder in der Familie sich ständig nach seinen Wünschen zu richten hat. Spätestens mit zwei oder drei Jahren, wenn es Spielkameraden sucht oder in den Kindergarten geht, wird ein solches Kind die bittere Erfahrung machen, daß man nicht nach eigener Lust und Laune mit Menschen und Gegenständen umgehen kann. Deshalb ist es gut, wenn das Kind von Anfang an lernt: Der Freiheitsraum meiner Aktivitäten hat genau dort seine Grenzen, wo ich die Gefühle und Rechte der anderen (der Eltern, der Geschwister, der Freunde, der Nachbarn) verletze. Diese Grenzen müssen für das Kind sehr klar und eindeutig sein.

Wichtig ist, daß ein Kind erfährt, welche Konsequenzen es hat, wenn es diese Grenzen mutwillig übertritt. Es muß erfahren, daß diese Konsequenzen auch eintreten: Meine Eltern tun das, was sie angekündigt haben, auch wirklich. Gerade hierbei tun sich Eltern manchmal schwer. Doch je konsequenter sie sich verhalten, desto sicherer und dadurch selbstbewußter verhält sich auch das Kind.

Eine Erziehung, die Grenzen setzt, ist kindgemäß. Sie dient nicht nur der berechtigten Befriedigung der Bedürfnisse, die Erwachsene haben, sondern hilft auch dem Kind. Ein Kind braucht bei aller Erziehung zur Selbständigkeit einen Schonraum, das Nein der Eltern, soll es nicht im unbegrenzten Raum der Willkür sich ausgesetzt fühlen, unverwahrt und verloren. Soziales Verhalten kann ohne begrenzte Freiheit nicht entstehen. Die eigenen Bedürfnisse dürfen nie den anderen aus dem Blick verlieren. Die behutsame Gewöhnung an das Einhalten von Grenzen, an das Wartenkönnen, an den Verzicht ist die beste Grundlage für geglückte sexuelle Beziehungen in späteren Jahren.

Zur Leiblichkeit erziehen

Ganz im Anfang seines Lebens muß das Kind lernen: Es ist schön, einen Leib zu haben. Neben der ersten leiblichen Lusterfahrung durch das Saugen sind weitere lustvolle Leiberfahrungen notwendig. Wenn Babys trockengelegt werden, dürfen sie noch eine Zeitlang im warmen Zimmer daliegen und strampeln. Dabei nimmt sich die Mutter ein wenig Zeit, mit dem Kleinen zu scherzen, es zu liebkosen. Das tun die meisten Mütter von selbst. Doch eines fällt dabei auf: Die zärtliche Mutter zupft das Kleine am Öhrchen, kitzelt das Bäuchlein, stupst auf den Bauchnabel, spielt mit Ärmchen und Füßchen, ja auch das saubere Popochen wird bedenkenlos getätschelt und geküßt, doch sobald die Mutter bei den Geschlechtsorganen ist, verstummt sie wie auf Kommando. Durch diese beklemmende Stille bekommt das Kind das erste Alarmsignal: Achtung, Gefahrenzone! Die Mutter läßt diesen Bereich aus, als ob es ihn nicht gäbe. Es soll hier nicht der Rat gegeben werden, die Geschlechtsorgane zu reizen, doch dürfen sie nicht aus der liebevollen Pflege ausgeklammert werden. Die selbstverständliche Annahme dieser Organe tut sich schon im Wort kund. Wenn Michael gebadet wird, kommentiert die Mutter: *»So, nun waschen wir das kleine Glied, und dann kommen die Beinchen dran.«* Oder bei Monika: *»So, jetzt haben wir unser kleines Mädchen schön gebadet. Nun trocknen wir dich ab, und dann wird die Spalte noch eingecremt und gepudert.«*

Die Schönheit des Leibes und aller seiner Organe erspürt das Kind mit seinen Händchen, mit seiner Haut. Die Haut ist neben der Mund-Zone ein wesentliches Kontakt- und Erlebnisfeld des Säuglings. Hautnahe Begegnung der Mutter mit dem Kind bringt Wärme und Geborgenheit. Beim Stillen wird das Köpfchen des Kindes an die nackte Brust der Mutter gedrückt, die Händchen patschen darauf herum. Die Hautliebkosung, die bei der Flaschenernährung fehlt, darf nicht unterbleiben. Deshalb sollte eine Mutter, die nicht stillt, öfter ihr Kind an ihren nackten Körper legen. Denn die zärtliche Berührung der Haut des Kindes ist während der ersten Lebensjahre besonders wichtig, da das kindliche Bedürfnis nach Zärtlichkeit in dieser Entwicklungsphase besonders groß ist.

Durch Zärtlichkeit wächst Nähe

Hier liegt für den Vater eine große Chance, die er nicht ungenutzt lassen sollte. Die Mutter hat weitaus mehr Kontaktmöglichkeiten: durch die vorgeburtliche Verbindung, durch die Ernährung und Pflege, durch ihre ständige Anwesenheit. Der Vater hat durch Zärtlichkeit die beste Möglichkeit, den Kontakt zu seinem Kind zu vertiefen. Ein Vater, der mit seinen Kindern schmust, ein Vater, der sein Kind auf den Schoß nimmt, der sich auch beim Fernsehen mal stören läßt, wenn ihn die Kinder überfallen und liebkosen wollen, ein solcher Vater wird von seinen Kindern geliebt, weil er Liebe schenkt. Körperliche Nähe der Eltern zum Kind wird auch ermöglicht, wenn es den Kindern gestattet wird, hin und wieder zu den Eltern ins Bett zu schlüpfen. Es gibt für Kinder nichts Schöneres, als samstags oder sonntags, im Urlaub oder wann sich sonst einmal Gelegenheit bietet, mit den Eltern zusammen im warmen Bett zu liegen und sich aneinanderkuscheln zu dürfen.

Und wenn heute in einigen Aufklärungsbüchern »gewissenhaften« Eltern der Rat gegeben wird, »die beliebten morgendlichen Ausflüge in die elterlichen Betten« auf das »äußerste zu beschränken«, so zeugt das von einer Auffassung, die die Bedeutung der Erziehung zur Leiblichkeit in der frühen Kindheit nicht ernst nimmt. Wer einmal erlebt hat, wie schnell kranke, fiebernde Kinder, die vor Hals- oder Zahnschmerzen wimmern, im Bett der Eltern sich beruhigen und einschlafen, der weiß, daß hier keine »erotische Reizung« stattfindet, sondern »Nestwärme« geschenkt wird, die den Kleinen einfach wohltut.

Hier fällt mir eine kleine Episode ein, die ich mit einer Fürsorgerin des Jugendamtes erlebte. Voller Bestürzung erzählte sie mir von den skandalösen Zuständen einer Familie, in der »noch nicht mal jedes Kind ein eigenes Bett« habe. – Wie »asozial« müssen da unsere Großeltern noch gewesen sein, bei denen es üblich war, daß zwei Geschwister zusammen ein Bett teilten. Wie sehr Kinder das Bedürfnis nach diesen Geborgenheit vermittelnden Körperkontakten haben, erleben wir des öfteren, wenn wir morgens das Kinderzimmer betreten: Bruder und Schwester liegen friedlich vereint in einem Bett und schlafen.

Ob man aus diesem Bedürfnis des kleinen Kindes allerdings ableiten kann, jeden Abend den Kindern zu gestatten, im elterlichen Bett zu schlafen, ist eine andere Sache. Nicht selten wird dadurch der Schlaf der Eltern empfindlich gestört, da Kinder viel unruhiger schlafen als Erwachsene. Unausgeschlafene Eltern und Auseinandersetzungen zwischen Vater und Mutter in dieser Frage schaden dem Kind mit Sicherheit. Ganz abgesehen davon, daß der Intimverkehr der Eltern erschwert wird und das Problem der Gewöhnung zur

Verwöhnung, das heißt zu ernsthaften Schwierigkeiten in anderer Umgebung führen kann.

Entdeckung des Leibes

Die Entdeckung und Eroberung der Welt richtet sich beim Kleinkind zuerst auf den eigenen Leib. Der Säugling, der anfangs nur mit Ärmchen und Beinchen strampelt, entdeckt eines Tages seine Finger als Spielzeug, als nächstes seine Füßchen. Er betrachtet sie, spielt damit, steckt sie in den Mund. Eines Tages »erfühlt« der Junge an sich sein Glied und spielt damit, wie vorher mit seinen Zehen. So »begreift« (= berührt) das Kind seinen Körper, um ihn zu »begreifen« (= verstehen). Für ein normal entwickeltes Kind ist das daher selbstverständlich, daß es alles, was ihm auffällt, ent-deckt, also auch seine Geschlechtsorgane.

Jan, ein Jahr alt, sitzt auf dem Töpfchen. Es ist zum ersten Mal gelungen, das »Bächlein« in das Töpfchen zu praktizieren. Die Mutter strahlt und lobt ihn. Voll Freude schaut er in das Töpfchen und beguckt sich dann sein »Ding da unten«, das offenbar diese Prachtleistung vollbracht hat, faßt es an und bekommt zu seinem großen Erstaunen zu hören: *»Pfui, du Schweinchen. Tust du wohl die Fingerchen da weg!«*
Wenn die Mutter dabei Erschrecken zeigt, vielleicht ihr Kind auf das Händchen schlägt und sagt: *»Na, laß das! Da faßt man nicht hin!«*, oder: *»Pfui, wer wird denn an das Bä-Bä fassen!«* – dann tut sie gerade das, was sie vermeiden möchte, indem sie die Aufmerksamkeit des Kindes auf die Geschlechtsorgane lenkt und einen negativen Komplex aufbaut: Das Kind ist völlig überrascht und versteht nicht, was eigentlich los ist, warum die Mutter so reagiert. Vor allem jedoch wird ihm jetzt dieses »komische Ding da unten« geheimnisvoll, und – was noch schlimmer ist – es wird als schlecht empfunden.

Das richtige Verhalten der Eltern ist deshalb: In natürlichen Situationen, das heißt, beim An- und Ausziehen, beim Baden oder auf dem Töpfchen sollte das Kind seine Geschlechtsorgane anfassen dürfen. Die Kinder sollten dazu weder ermuntert noch davon abgehalten werden. Die Mutter macht kein besonderes Aufheben davon, kein böses Gesicht, spricht normal weiter, wäscht weiter, das heißt, sie geht zur Tagesordnung über.

Verbote und Strafen bei Berührungen und Spielereien an den Geschlechtsorganen nützen nichts, erreichen höchstens das Gegenteil, nämlich, daß das Kind verstärkt – jetzt allerdings heimlich – an den Geschlechtsorganen spielt.

Versuchen wir nicht, unseren Kindern Abscheu vor Organen beizubringen, die nun einmal wesentlich auch Lustfunktionen haben. Lustgefühle verspürt das Kind bereits in diesem Alter, wenn es auf »Entdeckung« geht. Ein Kind soll unbefangen seinen Leib entdecken können, auch als Quelle der Freude, damit es einmal Glück, Erfüllung und Befreiung durch seine Geschlechtlichkeit erfahren kann.

Auffälliges Sexualverhalten

Meist wendet sich das Kind, wenn es sich »be-griffen« hat, schnell neuen Eroberungen zu. Faßt es jedoch auffällig oft an seine Geschlechtsorgane und spielt daran herum, sollten wir bedenken, daß die Gegend der Geschlechtsorgane sehr reizempfindlich ist. Es ist also zunächst in aller Ruhe nach der Ursache zu forschen. Man fragt etwa: »*Hör mal, warum faßt du so oft an das Höschen. Juckt dich da etwas?*«

Es kann viele Gründe für äußerliche Reizungen geben:

Nasse Windeln jucken.

Grobe Unterwäsche kann kitzeln.

Zu enge Kleidung reibt.

Zu hoch befestigte Hosen zwicken.

Lederhosen haben vorne oft eine feste Naht, die scheuert.

Gliedversteifungen, die schon bei kleinen Jungen vorkommen, verursachen Spannungen in der Hose.

Salben- oder Puderreste zwischen den Schamlippen der Mädchen reizen die empfindliche Schleimhaut. Urinreste und Drüsenabsonderungen beim Glied des Jungen verursachen zwischen Vorhaut und Eichel Juckreiz.

Madenwürmer können bei Mädchen mitunter vom After in die Scheide wandern und unangenehmen Juckreiz verursachen.

Kann die Mutter keine entzündlichen Veränderungen in diesem Bereich feststellen, so muß sie prüfen, ob ihr Kind in irgendeiner Weise »zu kurz kommt«:

Hat die Mutter zu wenig Zeit für das Kind?

Wird es von Eltern oder Geschwistern vernachlässigt?

Findet es nicht genügend Anerkennung?

Wird es zu viel allein gelassen?

Hat es keine Spielkameraden?

Findet es zu wenig liebevolle Zuwendung?

Ist ein Baby angekommen, das die Mutter ganz »in Beschlag« nimmt?

Ist es darauf eifersüchtig?

Ein normales Kind wird lieber herumtoben als stillsitzen und an den Geschlechtsorganen spielen. Ein Kind jedoch, das sich vereinsamt fühlt, das sich bei Eltern oder Spielkameraden zu kurz gekommen glaubt, dessen Bewegungsfreiheit durch Verbote zu stark eingeengt ist, flüchtet sich in derartige Spielereien.

● Grundregel ist: Es unterbleibt alles, was die besondere Aufmerksamkeit des Kindes auf den genitalen Bereich lenkt. Verbote und Strafen helfen kaum, sie bewirken eher das Gegenteil: verstärktes Spielen an den Genitalien.

Auch wäre es mit gefährlichen Auswirkungen verbunden, im Kind für sein Tun Schuldgefühle zu wecken. Hier einige Vorschläge, wie Eltern den »Spielereien« ihres Kindes begegnen können:

Eine erste Möglichkeit ist, das Kind abzulenken.

Eltern sollten ihrem Kind einige Zeit erhöhte Aufmerksamkeit schenken.

Sie sollten ihm mit besonderer Liebe begegnen.

Sie sollten zu anregenden Spielen ermuntern.

Sie sollten es unter andere Kinder bringen, für Spielkameraden sorgen.

Vor allem aber müssen sie Geduld und Ruhe bewahren.

Wenn nichts von allem hilft, muß eine Erziehungsberatungsstelle aufgesucht werden. Man erkundige sich beim Jugendamt.

»Doktorspiele«

Bei den »Doktorspielen«, die recht verbreitet sind, handelt es sich in den meisten Fällen um harmlose sexuelle Neugier. Kinder wollen untersuchen, ob andere die gleichen Geschlechtsorgane haben. Jungen wollen sehen, wie Mädchen »unten« aussehen.

Diese »Untersuchungen« werden oft von Einzelkindern vorgenommen, die sich nicht am anderen Geschlecht orientieren können, oder von Kindern, die nur gleichgeschlechtliche Geschwister haben. »Doktorspiele« kommen besonders auch bei Kindern vor, die ihre Eltern nie nackt gesehen haben, bei denen Nacktheit in der Familie streng verpönt ist.

Wenn man sieht, wie Eltern oft auf diese »Doktorspiele« reagieren, muß man sagen: Gott sei Dank bleiben die meisten dieser kleinen kindlichen »Vergehen« unentdeckt und kommen ganz von selbst wieder in Ordnung, ohne daß eine »Staatsaktion« daraus gemacht wird. Viel vernünftiger ist es, zwanglos über solche Vorkommnisse mit dem Kind zu sprechen.

Situation: Jörg (5) befindet sich mit seinem Freund im Kinderzimmer. Als die Mutter ins Zimmer kommt, spielen sie gegenseitig an den Geschlechtsorganen.

Mutter: *»Na, ihr beiden, was macht ihr denn da? Warum habt ihr euch denn die Hosen heruntergezogen? Ihr seid doch nicht auf dem Klo? Zieht euch schön die Hosen wieder hoch. Sonst bekommt ihr noch einen kalten Po.«*

(Die Mutter geht nicht weiter auf die Situation ein. Nach einiger Zeit, als der Freund gegangen ist, kommt sie noch einmal darauf zurück.)

»Hör mal, Jörg, eben als ihr euch euer Glied zeigtet, wolltet ihr da gucken, ob ihr beide das gleiche Glied habt?«
Jörg: *»Mm.«*
Mutter: *»Jetzt weißt du's ja. Bei allen Jungen ist das so. Und wenn dir wieder einmal ein Junge sein Glied zeigen will oder sagt, du sollst dein Glied herausholen, tust du es nicht. Papa zeigt auch sein Glied nicht seinen Freunden. Du bist jetzt so groß und weißt, daß alle Jungen gleich aussehen. Ja?«*
Jörg nickt.

Solche Orientierungsversuche haben mit Schamlosigkeit oder Verdorbenheit nichts zu tun. Kinder holen sich das Wissen, das ihnen im Elternhaus vorenthalten wird, auf »ihre« Weise.
Aber auch bei »wissenden« Kindern können ähnliche Situationen eintreten. So beobachten Kinder nicht selten, wie der Arzt bei Säuglingen Fieber rektal (im After) mißt. Bei ihren Spielen versuchen sie das auch. Vorbeugend könnte man den Kindern sagen, daß man »Fieber« auch unter dem Arm messen kann.
Einem Mädchen sagt die Mutter etwa: *»Wenn ein anderes Kind dir beim Onkel-Doktor-Spiel Fieber messen und ein Stöckchen in deine Scheide stecken will, so darfst du dir das nicht gefallen lassen. Deine Scheide ist sehr empfindlich und kann leicht verletzt werden. Man kann Fieber auch unter dem Arm messen. Der Arzt macht das bei großen Leuten nur unter dem Arm.«*
Wir sagen den Kindern auch, daß sie sich von niemandem das Höschen herunterziehen oder ans Geschlechtsteil fassen lassen. Geschlechtsorgane sind empfindlich. *»Andere Kinder können dir dabei weh tun«* ist als Begründung angemessener, als zu sagen: »Das ist schlecht. Pfui! Da faßt man nicht hin. Das tun nur böse Kinder.« Wir denken immer daran, daß wir keine negative Einstellung aufkommen lassen wollen. Auch sprechen wir nicht zuviel davon, um diesen Problemen nicht unnötiges Gewicht zu verleihen.
Der Umgang unserer Kinder ist unauffällig zu kontrollieren. Wenn nämlich beim »Krankenhausspielen« wesentlich ältere Kinder mitmachen, kann es passieren, daß kleine Kinder zum gemeinsamen Onanieren (Selbstbefriedigen) verführt werden bzw. ihnen der

Koitus (Geschlechtsverkehr) vorgemacht wird. Wir sollten deshalb Kinder im Vorschulalter nicht zuviel mit älteren Schulkindern alleine spielen lassen. Ein Kind gehört unter gleichaltrige Spielkameraden.

Auch bei Vorfällen, die aus dem Rahmen fallen, sind Ruhe und Gelassenheit besser als Entrüstung und lautes Schimpfen. Wenn wir etwa beobachten, daß unser Sohn mit seinem Freund auf der Mauer steht und beide im hohen Bogen auf die Straße »pinkeln«, so handelt es sich dabei um »sportliche Konkurrenzübungen«, die nicht überbewertet werden dürfen und mit einem humorvollen Wort abgetan werden sollten.

Zur Sauberkeit erziehen

Schon recht früh interessieren sich Kinder für die Ausscheidungsorgane. Sie spüren schnell, wie sehr sich die Aufmerksamkeit der Eltern und anderer Erwachsener auf diese Zone sowie auf die Funktionen des Ausscheidens und des Behalten-Könnens richtet. Für Eltern beginnt die Zeit der Reinlichkeitserziehung.

Erziehung zur Reinlichkeit spielt innerhalb der Geschlechtserziehung eine wichtigere Rolle, als viele Erwachsene glauben. Die Ausscheidungsorgane sind eng mit den Organen der Zeugung verbunden, ja teilweise mit ihnen identisch (Glied). Kleinkinder können Ausscheidungs- und Geschlechtsorgane noch nicht unterscheiden. Die Einstellung zum einen (Ausscheidungsorgane) entspricht oft auch der Einstellung zum anderen (Geschlechtsorgane).

Reinlichkeitsdressur

Wenn wir die Ausscheidungen der Harnblase und des Darms schlechtmachen, überträgt ein Kind das leicht auf die Geschlechtsorgane. Wer das eine ekelhaft findet, empfindet nicht selten auch sexuelle Vorgänge als ekelerregend. Weil Eltern diese Zusammenhänge nicht beachten, glauben junge Menschen (auch als Erwachsene), das Sexuelle sei im Grunde etwas Unanständiges, Schmutziges. Für kleine Kinder sind die Ausscheidungsorgane und -produkte nicht ekelhaft. Im Gegenteil: Es macht ihnen ausgesprochen Freude, mit den Händen im Urin zu patschen, den Kot zu kneten, ja sogar in den Mund zu nehmen. Eine Mutter, die einen solchen Vorgang bei ihrem Kind, das auf dem Töpfchen sitzt, beobachtet, sollte auf keinen Fall böse werden, schimpfen oder gar das Kind schlagen! Es gilt, Ruhe zu bewahren, auch wenn es schwerfallen mag. In freundlichem Ton sagen wir dem Kind, daß man das nicht tut:»Papa und Mama tun so etwas auch nicht.«
Auch den Vorgang des Ausscheidens selbst empfinden Kinder als angenehm. Die Entleerung der gefüllten Harnblase und des vollen Darms ist mit einem Gefühl der Erleichterung verbunden. Das Strömenlassen des Urins ist wohltuend. Es befreit von körperlichen Spannungszuständen. Erwachsenen geht es nicht anders.

Die Tiefenpsychologie ist der Meinung, daß hier Zusammenhänge bestehen mit der seelischen Fähigkeit, sich zu öffnen, sich hinzugeben. So kann der Tiefenpsychologie zufolge die Orgasmus-Unfähigkeit der Frau mit einer strengen Sauberkeitsdressur zusammenhängen. Auch ein übertriebenes Streben nach Reinlichkeit oder peinliche Gewissenhaftigkeit resultieren nicht selten daraus. Der gegenteilige Effekt, der ebenso eintreten kann, ist dann ein Hang zur Unsauberkeit oder gar eine Lust, sich zu beschmutzen. Die Sauberkeitserziehung stellt auch eine Form der Verzichtleistung in der frühen Kindheit dar. Sie ist nicht deshalb zu fordern, weil Triebäußerungen an sich unerwünscht wären, sondern weil das Kind allmählich zu einer kontrollierten Meisterung seiner Triebe in bestimmten Situationen befähigt werden muß. Dabei erlebt es, daß seine persönliche

Befriedigung in Einklang gebracht werden muß mit den Notwendigkeiten und Forderungen der Umwelt. Es hat zu lernen, daß seine organischen Bedürfnisse den Verpflichtungen des Lebens in der Gesellschaft anzupassen sind. Dieses soziale »Pot-Training« sollte behutsam und in Etappen vor sich gehen.

Hinweise für das »Pot-Training«

Die Ausscheidungsprodukte nicht als etwas Ekelhaftes bezeichnen! Wenn wir ein Baby säubern, sind Äußerungen wie »Pfui« oder »I-ii« unangebracht. Das gilt auch, wenn kleine Kinder das Höschen vollmachen. Auch wenn es ab und zu noch bei Drei- oder Vierjährigen passiert. Oder wenn sie gelegentlich das Bettchen naß machen.

Nicht zu früh mit der Reinlichkeitserziehung beginnen! Erst wenn das Muskelsystem kräftig genug ist und vom Willen kontrolliert werden kann, ist es sinnvoll, mit dem »Pot-Training« zu beginnen. Mit einem halben Jahr bereits anzufangen, ist einfach verfrüht. Stundenlanges Sitzen auf dem Töpfchen bringt nichts ein. Im Zeitalter der Waschmaschine und der Papierwindel lohnt sich ein solcher Aufwand nicht. Die Kontrolle über die Ausscheidungsorgane sollte (von kleinen Pannen abgesehen) bis zu einem Alter von 3 Jahren erreicht sein.

Nie strafen, wenn es nicht sofort klappt! Androhungen, wie: »Du bleibst so lange auf dem Töpfchen sitzen, bis du etwas gemacht hast!« – »Wenn du noch einmal das Bett naß machst, dann . . .« – »Zur Strafe, weil du in die Hose gemacht hast, mußt du den ganzen Tag daheim bleiben!« nützen recht wenig, schaden dagegen häufig. Vor allen Dingen dürfen wir ein Kind nicht schlagen. Hier ist Geduld die beste Tugend – was auch geschehen mag.

Kein überschwengliches Lob beim Pot-Training! Man sollte dem Vorgang der Ausscheidungskontrolle keine über-

triebene Aufmerksamkeit schenken. Es ist nicht richtig, eine Lobes-
hymne anzustimmen, wenn es dem Kind gelingt, das »Häufchen«
ins Töpfchen zu »praktizieren«. Strafe und übertriebenes Lob lenken zu sehr die Aufmerksamkeit auf den Geschlechtsbereich. Außerdem muß ein Kind lernen, daß es sich hierbei um einen selbstverständlichen Vorgang handelt.

Keine allzu große Bequemlichkeit dulden!
Es geht natürlich nicht, daß ein Kind, welches alt genug ist, aus Bequemlichkeit ständig die Hosen vollmacht, anstatt sich zu melden.
Wir dürfen nicht vergessen, daß Einnässen und Einkoten angenehm
empfunden werden, solange ein Kind Windeln umhat. Hier gibt es
einen guten Rat aus den USA: Machen Sie es dem Kind etwas »un-
angenehmer«; ohne viele Worte zu verlieren, lassen sie z. B. die
Windeln einfach weg! Wenn ein Kind nasse lange Hosen anbehält,
bis sie wieder trocken sind (im Sommer), oder der Kot in der Hose
verschmiert, wird es sich schnell melden. Solch »harmlose Radikal-
kur« kann Wunder wirken.

Ausscheidungsprodukte sind weder etwas besonders Gutes noch etwas Abscheuliches. Sie sind natürliche Abfallstoffe, die ohne großes Aufsehen zu beseitigen sind. Die Organe, aus denen sie ausge-
schieden werden, sind keinesfalls schlecht. Sie haben teilweise eine
Doppelfunktion: Sie sind Ausscheidungs- und Liebesorgane.

Geschlechtshygiene

In den meisten Büchern zur geschlechtlichen Erziehung wird über
die Frage der Geschlechtshygiene nichts gesagt. Ein Grund dafür
könnte sein: Man hält sie für so selbstverständlich, daß man meint,
es sei überflüssig, darüber zu sprechen.
Die allgemeine Praxis sieht allerdings anders aus. Hier kommen
Verstöße und Versäumnisse vor, wie sie in anderen Bereichen un-
denkbar sind. Dabei ist die Hygiene der Geschlechtsorgane ein zentrales, für die Gesundheit des einzelnen sowie der gesamten Gesell-

schaft wichtiges Anliegen der Sexualpädagogik. Neuere wissenschaftliche Untersuchungen haben erbracht, daß Mangel an Hygiene eine Ursache für das Entstehen von Krebs im Bereich der Geschlechtsorgane sein kann, und zwar sowohl von Peniskrebs beim Mann als auch von Muttermundkrebs bei der Frau.

Es gilt deshalb, schon im Kleinkindalter den Kindern gründliches Waschen der Geschlechts- und Ausscheidungsorgane als etwas so Selbstverständliches anzugewöhnen wie Händewaschen oder Zähneputzen.

Es ist leicht einzusehen, daß eine Reinigung des Afters mit Toilettenpapier nicht alle Kotreste beseitigt. Deshalb sollte der After nach jeder Verrichtung gewaschen werden. Mindestens aber täglich einmal, da eine unmittelbare Waschung ja nicht überall möglich ist.

Bei kleinen Mädchen haben Mütter zu beachten, daß beim Waschen des Afters nur von vorn nach hinten mit dem Waschlappen oder Schwamm gerieben werden darf, niemals jedoch umgekehrt in Richtung der Schamlippen. Es könnten sonst Kotreste zwischen die Schamlippen und in den Scheideneingang gebracht werden und (trotz seines Teilverschlusses durch das Jungfernhäutchen) zu Infektionen führen.

Beim Waschen müssen die Schamlippen auseinandergezogen und die Falten dazwischen mit einem feuchten Wattebausch sehr sorgfältig gereinigt werden. Reste von Creme und Urin, auch Talgabsonderungen zwischen den Schamlippen verursachen nicht nur unangenehmen Geruch, sondern auch unnötige Reizungen oder gar langwierige Entzündungen.

Das sorgfältige Waschen gilt auch für Jungen. Mütter müssen schon den kleinen Jungen beibringen, daß das Glied genauso gewaschen werden muß wie Hände und Gesicht. Dabei muß die Vorhaut vorsichtig über die Eichel des Gliedes zurückgezogen werden. Auf keinen Fall darf dabei Gewalt angewendet werden. Zwischen Vorhaut und Eichel setzen sich leicht Urinreste und Absonderungen von Drüsen fest, die mit einem Wattebausch beseitigt werden müssen.

Mit diesen Absonderungen (Smegma) hat es eine besondere Bewandtnis: Smegma, das einige Tage nicht entfernt wurde, ist wahrscheinlich krebsfördernd. Und zwar sowohl beim Mann selbst wie auch bei seiner Frau. Diese Annahme der Wissenschaft stützt sich vor allem auf Untersuchungen in Ländern, in denen die Jungen aus rituellen Gründen beschnitten werden. Wenn die Vorhaut zum Großteil entfernt –»beschnitten« – wird, kann sich kein Smegma ansammeln. Frauen in diesen Ländern erkranken seltener an Gebärmutterhalskrebs, Männer kaum an Peniskrebs (Juden, mohammedanischer Teil der indischen Bevölkerung).

Da diese Waschungen für die Intimhygiene der geschlechtlichen Begegnung und vor allem für die Gesundheit unerläßlich sind, sollten Kinder genaue und deutliche Anleitungen bekommen, wie sie die Reinigung selber vornehmen können. Eine Überwachung ist notwendig, damit sie zu einer selbstverständlichen Gewohnheit wird, die man einfach nicht vergißt.

In unserem »Waschmaschinenzeitalter« ist es unverständlich, daß diese Maßnahmen unterlassen werden, etwa weil mehr Waschlappen und Handtücher benötigt werden. Es braucht wohl nicht erwähnt zu werden, daß jedes Familienmitglied zwei Handtücher und zwei Waschlappen benötigt, die alle drei Tage zu wechseln sind.

Sollen Jungen beschnitten werden?

Bei Jungen läßt sich oftmals die Vorhaut nicht über die Eichel zurückziehen, entweder weil sie mit der Eichel verklebt oder aber zu eng ist. Eine solche Vorhautverklebung bzw. -verengung nennt man Phimose. Sie ist kein Grund zur Beunruhigung. Stellt eine Mutter bei ihrem Jungen eine solche Phimose fest, so sollte sie sich mit ihrem Arzt beraten, ob eine operative Entfernung der Vorhaut (Beschneidung) notwendig ist oder nicht. Beim Dreijährigen läßt sich das noch nicht mit Sicherheit entscheiden, da sich eine Phimose oft im Verlauf von Entwicklung und Wachstum von selbst behebt.

Fällt jedoch der Mutter auf, daß das Glied sich vor Urinentleerungen versteift und der Harnstrahl dünn und unterbrochen ist oder der Junge ab und zu an Entzündungen am Penis leidet, ist unbedingt ärztliche Behandlung erforderlich.

In den letzten Jahren nimmt aus hygienischen Gründen die Beschneidung auf der ganzen Welt sprunghaft zu. In den USA werden heute fast alle Knaben wenige Tage nach der Geburt beschnitten. Ob das notwendig ist, darüber kann man geteilter Meinung sein. Das sollten Eltern selber entscheiden. Mit Wasser und Seife kann man bei täglicher Reinigung der Genitalien der Entstehung von Penis- und Gebärmutterkrebs ebenso sicher vorbeugen wie durch eine Beschneidung.

Leistenhoden

In diesem Zusammenhang soll kurz auf eine Störung eingegangen werden, die bei Jungen häufiger vorkommt, als oft angenommen wird. Während der Entwicklung im Mutterleib liegen die Hoden im Körper des Jungen und wandern erst kurz vor der Geburt in den Hodensack. Dabei kann es passieren, daß ein oder beide Hoden in der Bauchhöhle oder im Leistenkanal hängenbleiben und nicht in den Hodensack hinabsteigen. Der Hodensack oder eine Hälfte bleibt leer. Man spricht dann von »Leistenhoden« (Kryptorchismus).
Jede Mutter sollte sich bei ihrem kleinen Jungen durch Befühlen davon überzeugen, ob beide Hoden im Hodensack sind. Andernfalls muß sie einen Facharzt aufsuchen, der entscheidet, ob eine Hormonbehandlung oder ein operativer Eingriff erforderlich wird.

Nacktheit in der Familie?

Beinahe täglich werden unsere Kinder mit der Darstellung nackter Menschen konfrontiert. Die Werbung für Seife und Kosmetika auf Plakaten, in Zeitschriften und im Fernsehen zeigt mit Vorliebe heitere, unbekleidete Menschen. Jede Illustriertenseite bringt Nacktheit in allen möglichen Formen. Und schließlich können Kinder an vielen Stränden und Seen und zunehmend auch in Schwimmbädern nackte Menschen sehen.
Dabei drängen sich Fragen auf, die sich im Rahmen der Geschlechtserziehung stellen: Wie sollen wir es mit der Nacktheit halten? Wie verhalten wir uns den Kindern gegenüber in der Familie? Wie sprechen wir miteinander darüber?

Nacktheit bei Kleinkindern

Kleine Kinder unter drei Jahren haben ein ungestörtes Verhältnis zu ihrem Körper. Sie freuen sich, wenn sie beim abendlichen Ausziehen der Mutter entwischen, um nackt in der Wohnung herumzuspringen. Sie empfinden es als wohltuend, die manchmal einengende Kleidung los zu sein und sich frei bewegen zu können. Gegen dieses »Luftbad« wird wohl keine Mutter etwas einzuwenden haben. Teilen jüngere Geschwister das Schlafzimmer miteinander, so ist es nicht nötig, das Zimmer abzuschließen oder den Bruder rauszuschicken, wenn das Schwesterchen sich auszieht. Geschieht das An- und Auskleiden selbstverständlich und beiläufig, weil es sich aus der Situation ergibt, so bedeutet es auch für die Kinder nichts Besonderes oder gar Geheimnisvolles. Sie lernen sich gegenseitig kennen und stellen fest, daß Mädchen anders aussehen als Jungen. Es bleibt nicht aus, daß man dabei gelegentlich auf die Geschlechtsunterschiede zu sprechen kommt.

Auf die Frage: »*Mama, was hat der Stefan da unten?*«
antwortet die Mutter: »*Das ist ein Röhrchen zum Pipimachen. Das ist ein Glied.*«
Oder umgekehrt die entsprechende Frage des Jungen, der zusieht, wie sein Schwesterchen trockengelegt wird:
»*Mama, ist Eva da unten kaputt?*«
Mutter: »*Nein, Eva ist ganz heil. Die hat kein Glied zum Pipimachen. Die hat ein Löchlein. Da kommt das Wasser heraus.*«

Situationen, die sich im Familienleben von selbst ergeben, sind immer der beste Ausgangspunkt für ein Gespräch über geschlechtliche Dinge. So wird die Mutter es dem vierjährigen Töchterchen nicht verwehren zuzusehen, wenn das Brüderchen gewindelt wird. Die Fragen werden ohne viel Aufhebens beantwortet.

Claudia: »*Mama, was hat der Christian da unten?*«
Mutter: »*Du meinst das kleine Zipfelchen?*«
Claudia: »*Ja, was ist das?*«

Mutter: »*Das ist ein Röhrchen zum Pipimachen. Die großen Leute nennen das Röhrchen Glied.*«
Claudia: »*Mama, warum hab' ich denn kein Glied?*«
Mutter: »*Ein Glied haben nur Jungen. Die Mädchen haben auch ein Röhrchen zum Pipimachen. Aber das kann man nicht sehen. Das geht nach innen in den Bauch. Bei Mädchen sieht man nur eine Spalte.*«
Claudia: »*Warum ist das so?*«
Mutter: »*Damit man Jungen und Mädchen erkennen kann. Alle Kinder, die ein Glied haben, sind Jungen; und alle, die eine Spalte haben, sind Mädchen.*«
Claudia: »*Ach so.*«

Die Antwort wird bei einem dreijährigen Mädchen etwas knapper, bei einem fünf- oder sechsjährigen ausführlicher sein können. Entwickelt sich daraus ein längeres Gespräch, so geben wir so lange Auskunft, bis das Kind zufriedengestellt ist.

Bestätigung im Wort

Wie wichtig und notwendig es ist, das Geschaute zu benennen und die Leiblichkeit im Wort zu bestätigen und damit anzunehmen, wird aus einem Beispiel deutlich:
Eine Mutter, die glaubte, ihre Kinder so frei und offen wie nur möglich erzogen zu haben, mußte eines Tages nach dem gemeinsamen Bad der Kinder zu ihrem Erstaunen hören, daß ihre siebenjährige Monika und ihr sechsjähriger Peter sich die Köpfe darüber zerbrachen, woran man wohl die kleinen Jungen und Mädchen unterscheiden könne, wenn sie geboren werden. Die Mutter gab sich selbst die – nach ihrer Meinung – einzig richtige Erklärung: »Die Kinder sind eben wirklich ›unschuldig‹ und sehen ›das‹ nicht.«
Aber sie irrte. Die Kinder haben »es« gesehen; aber diese Wirklichkeit, die sie da erblickt haben, ist von der Mutter nie bestätigt, die Tatsache der Sexualität nie liebevoll angenommen worden. Die Kinder haben gelernt, ihr Wissen so vollständig zu verdrängen und »es« nicht mehr zu sehen, daß sie mit allem Ernst fragen können, wie

man die kleinen Mädchen von den Jungen unterscheidet. Peter und Monika haben erfahren:»Man darf nackt beisammensein«, aber auch:»Man spricht ›darüber‹ nicht.«

Das »Sprechen-Über« hat wesentliche Bedeutung für die Beziehung zu den Personen und Dingen. Worüber ich mit andern gesprochen habe, das kann ich sinnvoll einordnen. Das erklärende und deutende Wort bringt Ordnung in die Welt des Kindes. Es hilft ihm, sich zurechtzufinden. Alles, was einen Namen hat, hat einen Platz. Was ich mit Namen kenne, verliert den Charakter des Geheimnisumwitterten. Was man kennt, braucht man nicht zu fürchten. Das »Wortlose« ist das Unbekannte, Geheimnisvolle, Unheimliche. Jungen und Mädchen müssen »wissen«, daß sie deshalb Jungen und Mädchen sind, weil sie unterschiedliche Geschlechtsorgane haben. Das Wort hilft ihnen, ihre geschlechtliche Identität zu finden. Deshalb muß man darüber sprechen, daß aus einem Jungen einmal ein Mann, aus einem Mädchen eine Frau wird.

Ohne Wissensvermittlung gibt es keine Erziehung, ohne Aufklärung kein geschlechtliches Geleit. Die wissensmäßige Aufklärung ist einerseits notwendiger Bestandteil jeglicher geschlechtlichen Erziehung und darf nicht zu kurz kommen; andererseits reicht sie allein nicht aus. Erzieherisch kommt es in erster Linie nicht auf die Menge des vermittelten Wissens an, sondern auf die Auswirkungen im gefühlsmäßigen Bereich. Das eine geht nicht ohne das andere. Wissen ist notwendig, um zu sittlichem Verhalten zu kommen. Schon die Sprache macht das deutlich: Ohne Wissen kein Ge-wissen, ohne Kennen kein Aner-kennen.

So kann Aufklären, besonders wenn dabei über die biologischen Zusammenhänge hinaus auf die mitmenschlichen Folgen hingewiesen wird, zu einer sicheren, natürlichen, unbefangenen Einstellung allem Geschlechtlichen gegenüber verhelfen. Aus der gründlichen Information entsteht leichter ein sinnvolles Verhalten. Wenn ein Kind über die Schwangerschaft Bescheid weiß, verhält es sich vielleicht rücksichtsvoller gegenüber einer schwangeren Frau. Aus diesen Gründen hat jede »freie, natürliche« Erziehung erst vor dem Hintergrund des »Wortes« ihren Platz und Sinn.

Die Dinge beim Namen nennen

Eine wichtige Aufgabe der Geschlechtserziehung ist es, den Kindern mitzuteilen, wer sie sind und wie sie einmal werden. Eine Grunderfahrung ist es zu wissen, daß Jungen und Mädchen sich von Geburt an durch die Geschlechtsorgane äußerlich sichtbar voneinander unterscheiden. Vom eigentlichen Sinn der Geschlechtsorgane brauchen wir in diesem Zusammenhang noch nicht zu reden. Deshalb genügt auf die Frage: »*Warum ist das so?*« der klare Hinweis: »*Damit man weiß, wer ein Junge ist und wer ein Mädchen.*«

Dabei kommen wir nicht umhin, den Geschlechtsorganen einen Namen zu geben. Wie man diese Organe benennt, ist nicht gleichgültig. Denn mit jedem Namen drückt sich auch eine Bedeutung aus. Hinter dem Namen kann sich Ehrfurcht ebenso verbergen wie Geringschätzung. Deshalb fallen »Gassen«-Bezeichnungen von vornherein weg, da die auffälligen Reaktionen der Erwachsenen beim Nennen dieser Bezeichnungen die Geschlechtsorgane in den Bereich des »Unanständigen« rücken. Im übrigen bringen wir auch auf anderem Gebiet unseren Kindern nicht die Zotensprache als Umgangssprache bei. Es ist mir unverständlich, wie das in einigen neueren Büchern zur Sexualerziehung empfohlen werden kann. Namen, die sich lediglich auf die Ausscheidungsvorgänge beziehen, sind aus einem anderen Grund unangebracht. Sie führen zu Unklarheiten und verschleiern die Bedeutung der Geschlechtsorgane. So werden diese Organe leicht gefühlsmäßig mit dem »Schlechten«, für den Körper »Unbrauchbaren« verbunden. Warum nicht von Anfang an die »offiziellen« Namen unserer Hochsprache einführen? Das Wort *Glied* für das männliche Geschlechtsorgan ist einfach und klar. Es wird ergänzt durch die Begriffe *Hodensack* mit den beiden »Kugeln«, den *Hoden.* Beim Mädchen tun wir uns etwas schwerer. Für die äußeren Geschlechtsorgane sind die Bezeichnungen Schamlippen und Schamspalte nur bedingt geeignet, da das Wort »Scham« leicht mit »schämen« in Verbindung gebracht wird. Neuerdings wird statt dessen der Ausdruck *Scheidenlippen* und *Scheidenspalte* vorgeschlagen.

Doch haben sich diese Begriffe noch nicht so durchgesetzt, wie es wünschenswert wäre. Der Geburtsgang nach innen ist die *Scheide*, daneben liegt die *Harnröhre*. Spätestens wenn wir über die Geburt sprechen, ist es wichtig zu erwähnen, daß der Urin über ein »Extra-Röhrchen« abfließt, nicht etwa durch die Scheide. Wie das geschehen kann, ist auf S. 114 ff. ausführlich beschrieben. Der Einfachheit halber wird oft empfohlen, bis zur Erläuterung des Geburtsvorgangs die Geschlechtsorgane des Mädchens mit dem Wort Scheide zusammenzufassen.

Manchmal kommen Mädchen in diesem Zusammenhang darauf zu sprechen, daß sie auch lieber ein Glied hätten. Sie sagen etwa: *»Jungen können sich so schön an den Baum stellen und Pipi machen. Ich muß mir immer erst die Hose runterziehen. Das ist blöd.«* Vielleicht hilft es dem Mädchen, wenn man auf irgendeine Weise klarmacht, daß es nicht schlechter dran ist als Jungen, indem man etwa sagt, daß Mädchen, wenn sie größer werden, schöne Brüste bekommen, Jungen jedoch nicht. Oder man sagt: *»Dafür kann auch in deinem Bauch, wenn du einmal eine Frau bist, ein Baby wachsen. Das geht bei Jungen nicht.«* Mädchen müssen wissen, daß sie zwar anders sind als Jungen, ihnen jedoch nichts fehlt, auch nicht das »Röhrchen zum Pipimachen«. Nur kann man es nicht sehen, weil es im Bauch liegt. Wenn wir hier »Röhrchen« sagen, so ist damit der Begriff Harnröhre angedeutet; deshalb dürfen wir in diesem Zusammenhang das Wort Scheide nicht verwenden.

Gegen die hochdeutschen Namen der Geschlechtsorgane wird eingewendet, daß sie dürr und unanschaulich seien und zu wenig Gefühlsmäßiges enthielten. Das stimmt zwar, doch kann neutrale Sachlichkeit hier von Vorteil sein. Zärtliche Namen wie »Zipfelchen« oder »Nestchen« enthalten mehr Wärme, doch lösen sie auch Bedenken aus; denn es sind Umschreibungen, die sonst bei keinem Körperorgan üblich sind. Keiner von uns würde auf die Idee kommen, bei kleinen Kindern die Nase zunächst »Gesichtszipfelchen« zu nennen oder die Finger »Greiferchen«. Warum ausgerechnet hier? Hinzu kommt, daß alle kindertümlichen Zwischenbezeichnungen für die Geschlechtsorgane tief haften bleiben, wenn sie nicht früh genug ersetzt werden. Wenn überhaupt, sollten sie nur so lange verwendet werden, wie man zu einem Hund »Wauwau« oder zum Essen »Hamham« sagt.

Wie man sich auch entscheiden mag, wichtig ist in jedem Fall, daß wir uns mit dem gewählten Ausdruck auch befreunden können und ihn ohne Zögern selbstverständlich aussprechen. Und wir dürfen nicht »vergessen«, rechtzeitig Kinderbezeichnungen durch die offiziellen Namen zu ersetzen; denn auch heute kennen nicht wenige Jugendliche für die Geschlechtsorgane nur kindliche Namen oder Ausdrücke der Vulgärsprache.

Dürfen Kinder ihre Eltern nackt sehen?

Es gibt im Alltag Situationen, wo die Nacktheit ihren Platz hat, ebenso wie in anderen Situationen das Bekleidetsein angemessen ist. Beim Waschen, beim Baden, beim An- und Auskleiden bleibt es nicht aus, daß kleine Kinder ihre Eltern gelegentlich nackt sehen. Eltern, die ihr Kind, wenn es unerwartet ins Badezimmer kommt, nicht unter ängstlicher Bedeckung ihrer Scham schnellstens wieder hinausbefördern, haben es leichter, auftauchende Fragen zu beantworten. Außerdem wird der unbekleidete Körper des Erwachsenen für das Kind leicht zu etwas Unheimlichem, das kindliche Neugier um so mehr erregt. Auch kann das Gefühl aufkommen, daß man sich schuldig macht, wenn man sich für den unbekleideten Körper interessiert, den die Erwachsenen so ängstlich verbergen. Ebenso wissen wir, daß sexuelle Neugier bei »Doktorspielen« und Sexualdelikten eine nicht zu unterschätzende Rolle spielt. Deshalb ist es eine sinnvolle Vorbeugung, wenn kleinen Kindern in natürlichen Situationen der Anblick des unbekleideten Körpers der Eltern gestattet wird, nicht als etwas Besonderes, sondern beiläufig. Man stellt sich also nicht in Pose vor das Kind, als wolle man sagen: »So, nun schau mich einmal richtig an!«, sondern man kleidet sich an oder aus, wäscht oder frisiert sich weiter, nimmt ein Bad, macht seine Turnübungen, auch wenn das Kind hereinkommt. Wenn man diese Haltung von Anfang an vorlebt, bedeutet es für das Kind nichts Außergewöhnliches. Dem Genitalbereich wird keine größere Aufmerksamkeit gewidmet als den Händen, Füßen und dem Kopf auch. Und doch liefern wir dem Kind gleichsam nebenbei erste geschlechtliche Informationen, wie ein Erwachsener »untenrum« aussieht. Es sieht die Schambehaarung, die Brüste oder das Glied. Es erfährt, wie es selber einmal aussehen wird, wenn es groß ist. Auf dieser Anschauung können alle auftauchenden Fragen und späteren Gespräche sinnvoll aufbauen.

Situation: Claudia (4) kommt ins Schlafzimmer, wo die Mutter gerade beim Ankleiden ist. Sie betrachtet verwundert die Schambehaarung und fragt:
»Mama, warst du früher, wie du klein warst, ein Mädchen?«
Mutter: *»Aber Claudia, das weißt du doch. Ich habe dir doch schon oft gesagt, daß alle Mädchen einmal Frauen werden und alle Jungen Männer, wenn sie groß sind. Warum fragst du eigentlich?«*
Claudia: *»Du hast mir doch gesagt, alle Mädchen hätten zwischen den Beinen eine Spalte. Aber du hast ja keine.«*
Mutter: *»Sicher habe ich auch eine Spalte. Du kannst sie nur nicht sehen. Die Haare verdecken sie. Alle Mädchen bekommen da einmal Haare. Und alle Jungen auch. Das ist dann ein Zeichen, daß sie eine Frau oder ein Mann geworden sind.«*

Es ist für Kinder durchaus nicht selbstverständlich, daß Mädchen einmal Frauen werden und die Mutter als Kind ein Mädchen war. Oder vielleicht fällt dem Jungen gelegentlich auf, daß der Vater ein viel größeres Glied hat. Es ist wichtig, dem Kind zu erklären, daß eben alles am Körper größer wird, wenn aus dem Jungen ein Mann, aus dem Mädchen eine Frau wird.

Situation: Klaus (4) kommt ins Badezimmer. Er trifft dort den Vater, der geduscht hat und sich gerade abtrocknet.
Klaus: *»Papa, hast du aber ein großes Glied.«*
Vater: *»Halt mal deine Hand neben meine. Siehst du, wie groß meine Hand ist und wie klein deine. So ist das auch mit dem Glied. Wenn man groß wird, wächst alles mit, auch das Glied.«*

Klaus:»*Papa, hast du auch in dem Säckchen hinter dem Glied kleine Kugeln?*«
Vater:»*Ja, Klaus. Die hat jeder Junge und jeder Mann. Sie heißen Hoden. Deshalb nennt man das Säckchen auch Hodensack.*«

An diesen Beispielen wird deutlich, wie unbekümmert Kinder fragen. Wir sollten uns über ihre Spontaneität freuen und nicht ängstlich ihren Fragen ausweichen. Wird ihr Bedürfnis, Zusammenhänge zu verstehen, gestillt, so wenden sie sich rasch anderen Fragen zu, etwa warum ein Auto fährt, oder was passiert, wenn es blitzt.

Grenzen der geschlechtlichen Erziehung

Grenzen im sexuellen Bereich gibt es in der Familie schon früh. Denken wir an die Begegnung Vater – Klaus im Badezimmer. Es kann der Wunsch beim Kind auftauchen, das Glied des Vaters anzufassen: »*Papa, darf ich dein Glied einmal anfassen?*« Diese Frage ist vom Kind aus gesehen harmlos. Doch merken wir hier, daß wir an eine Grenze der geschlechtlichen Erziehung gestoßen sind. Wir werden dem Kind behutsam klarmachen, daß hier ein intimer Bereich anfängt, den die Eltern von den Kindern nicht berührt wissen wollen. Die Grenzziehung geschieht in ähnlicher Weise, wie wir es abgewehrt haben, daß die Kinder uns in die Augen, die Ohren oder an die Nase fassen. Man könnte etwa sagen:
Vater:»*Nein, das hab' ich nicht so gern.*«
Klaus:»*Warum denn nicht?*«
Vater:»*Siehst du, Klaus, du hast es auch nicht gern, wenn ich in dein Nasenloch fasse oder in dein Ohr. So ist das mit dem Glied auch. Das Glied ist sehr empfindlich.*«
Klaus:»*Bei mir auch, Papa. Wenn die Mama beim Waschen da dran faßt, kann ich das auch nicht haben. Das kitzelt immer so. Ich wasche mir jetzt das Glied schon ganz alleine.*«
Vater:»*Bist du aber ein tüchtiger Junge.*«

Gegenüber modernistischen Aufklärern sei betont, daß die Geschlechtsorgane der Eltern zu deren Intimbereich gehören, vor dem auch Kinder haltzumachen haben. Die Erziehungs- und Eheberatung weiß von schwerwiegenden Störungen in den Sexualbeziehungen zu berichten, wenn die Inzestschranke zwischen Eltern und Kindern überschritten wird. Das geschieht bereits dort, wo Eltern in der Vorstellung ihrer Kinder zu Liebesobjekten werden und umgekehrt. Gegen die deutliche Abgrenzung des eigenen Intimbereichs vor den Kindern wird auch da verstoßen, wo aus der Nacktheit ein Kult (Freikörperkultur) oder gar ein Zwang gemacht wird. So wird in manchen Aufklärungsbüchern zur strikten Forderung erhoben, daß sich Eltern vor ihren Kindern nackt zeigen. Hier wird die einst vielleicht zu prüde Erziehung ins Gegenteil verkehrt mit allen negativen Folgen.

Zu einer natürlichen leibfreundlichen Einstellung gehört auch, daß Eltern die Intimsphäre ihrer Kinder achten. Wenn wir das Kind allein lassen, sobald es sich selbst anziehen kann, wenn wir es sich früh allein waschen lassen, wird es wie von selbst lernen, die Eltern beim Waschen, Baden und Anziehen auch alleine zu lassen. Spätestens in der Zeit der Vorpubertät kommt es in der Frage der Nacktheit zu einer entwicklungsmäßig bedingten »Scheu« der Kinder den Eltern gegenüber. Wenn beim Mädchen Brüste und Schamhaare, beim Jungen Penis und Hoden zu wachsen beginnen und der Stimmbruch einsetzt, haben sie das Bedürfnis, sich von den Eltern zurückzuziehen. So, wie sie von nun an mehr Geheimnisse haben, so grenzen sie die neue, zuerst verwirrend erlebte Sexualität ab. Daß Eltern spätestens von diesem Zeitpunkt an in der Frage der Nacktheit strikte Zurückhaltung üben, wird von den Kindern als Zeichen gewertet, daß die Intimität im Geschlechtlichen respektiert wird.

Ist es in einer Familie nicht üblich, sich unbekleidet sehen zu lassen, und wollen Eltern ihre Kinder nicht dabei haben, wenn sie sich anziehen oder waschen, sollte man um des Kindes willen keine neuen Gewohnheiten einführen. Sie würden doch nur verkrampft wirken. Wer sich dazu außerstande fühlt, der sollte es lieber bleibenlassen. Es gibt durchaus gute und einleuchtende Gründe für eine diesbezügliche Zurückhaltung auch im engsten Familienkreis. Wichtig ist vor allem, daß Eltern eine gemeinsame Haltung in dieser Frage gewinnen. Wird sie zur Streitfrage vor den Kindern, dann kommen diese in Bedrängnis, und der Schaden ist größer als der Nutzen. Wer anderer Meinung ist, muß deshalb noch lange nicht neurotisch verklemmt oder schon ein Verfechter der Nacktkultur sein. Und was für die eine Familie richtig und gut sein kann, gilt deshalb nicht unbedingt für andere. Das Respektieren gegenseitiger Ansichten, auch zwischen Älteren und Jüngeren, könnte in manchen Diskussionsrunden das oft harte Aufeinanderprallen der Meinungen in der Frage der Nacktheit entschärfen und deutlich machen, daß es sich keineswegs um eine zentrale Frage der geschlechtlichen Erziehung handelt, ob Kinder ihre Eltern nackt sehen dürfen oder nicht.

Das Schamgefühl

Bei der Frage der Berührung der Geschlechtsorgane sind wir an eine Intimgrenze gestoßen. Diese Intimgrenze läßt nicht zu, daß Kinder die Geschlechtsorgane anderer, etwa die der Geschwister, der Spielkameraden, der Eltern, anfassen. Die Eltern »schämen« sich vor den Kindern. Früher schämten sich Mütter, mit ihren Töchtern über so selbstverständliche Dinge wie die Menstruation zu sprechen. Heute gibt es Eltern, die keinerlei Hemmungen vor ihren Kindern haben, ja sogar solche, die den Kindern erlauben, den elterlichen Geschlechtsverkehr mit anzusehen. War in der Vergangenheit jedes Gespräch über das körperliche Liebesleben in der Familie – sogar unter Eheleuten – verpönt, so läßt sich heute im öffentlichen Leben, in der

Reklame, in der Kioskliteratur, in Filmen und Theaterstücken eine Scham-Losigkeit feststellen, die kaum noch zu überbieten ist. Die Auffassungen von dem, was sich in der Öffentlichkeit ziemt und was nicht, sind von einem Extrem ins andere gefallen. Dabei wird heute oft nicht bedacht, daß es Schamgefühl – in welcher Form auch immer – zu allen Zeiten gegeben hat. In jeder Kulturepoche, in jedem von Menschen aufgestellten Ordnungsgefüge gibt es Verhaltensweisen, die mit Schamvorschriften belegt sind. Wer sie mißachtet, wird von der Gemeinschaft isoliert. Das Schamgefühl ist eine Grenze und schützt dadurch ein bestimmtes Verhalten. Scham ist Intimschutz. Aufgabe der Erziehung ist es, dieses Schamgefühl herauszubilden und zu fördern. Wie kann das in unserem Kulturkreis sinnvoll geschehen?

Intimbereich Familie

Zunächst soll hier vom pädagogischen Standpunkt aus eindeutig Stellung bezogen werden. Meiner Meinung nach gibt es in diesem Zusammenhang nur eine richtige Haltung: Der sexuelle Bereich ist für den Menschen ein Gebiet intimer Begegnung, der nicht für die Öffentlichkeit bestimmt ist. Besonders die öffentliche Darstellung der körperlichen Liebespaarung stellt einen Angriff auf die Würde des Menschen dar, gegen den wir uns zur Wehr setzen sollten. Der bekannte Publizist und Kinderarzt Wolfensberger-Haessig dazu: »Es gibt einen persönlichen Intimbereich des Menschen, der höchst verletzbar und darum schutzwürdig ist. Wenn Reporter bis ans Sterbebett eines Prominenten vordringen und Fotografen die Verzweiflung einer Mutter angesichts ihres überfahrenen Kindes in der Öffentlichkeit preisgeben, ist es der gleiche Angriff auf die persönliche Intimsphäre, nach der ein sensationslüsternes Publikum verlangt. Neben Heimat-, Natur- und Denkmalschutz, neben Umwelt- und Tierschutz sind hier Bestrebungen zum Schutz des Menschen dringend nötig. Jeder denkende Erzieher sollte überlegen, wie diese in die Pädagogik von Schule und Elternhaus Eingang finden könnten, ohne daß dabei die alte Tabuierung wieder zur Hintertür hereingelassen wird.« – Hier wird deutlich, was Schamerziehung heißt: jede Person und die Familie als Ganzes in ihren Intimbereichen zu achten.

Scham als Schutzwall der Intimität umfaßt nicht nur den geschlechtlichen Bereich, sondern die gesamte Intimsphäre Familie. So ist es »schamlos«, wenn eine Ehefrau bei Freundinnen oder Nachbarn über ihren Mann herzieht, wenn in einer Gesellschaft von einem der beiden Ehepartner Geheimnisse der Familie ausgeplaudert werden, wenn die Mutter Probleme der heranwachsenden Tochter beim »Kaffeeklatsch« erzählt usw.

Um die rechte Haltung anzubahnen, müssen Kinder von Anfang an unterscheiden lernen, was innerhalb der Familie möglich und in Ordnung, aber nicht für die Öffentlichkeit bestimmt ist. So gilt es zu lernen, daß man sich außerhalb der Familie nicht unbekleidet zeigt. Wenn also ein kleines Kind nackt zur Tür läuft, um dem Spielkameraden aufzumachen, wird man ihm sagen, daß das »nun mal bei uns nicht üblich ist«. Wir sollten auch hier vermeiden, das Geschlechtliche verächtlich zu machen.

Man könnte etwa sagen: » Wenn du nackt ins Wohnzimmer gelaufen kommst, wenn fremde Leute da sind, meinen die, du wärst noch ein Baby und hättest nichts anzuziehen. Du bist aber nun schon so groß und weißt, daß man nicht nackt herumläuft.«

Oder: » Vor fremden Leuten zeigt man sich nicht nackt. Das tun Papa und Mama auch nicht. Und ich meine, du bist jetzt schon so groß, daß du das auch nicht mehr tun solltest.«

Intimbereich Person

Auch innerhalb der Familie gibt es eine Schamerziehung. Jede Person muß um sich einen Intimbereich aufbauen können, in den sie sich zurückziehen kann. Auch zwischen Eltern und Kindern muß es eine Grenze geben. Kinder sind im letzten auch den Eltern gegenüber fremde Personen mit dem Recht auf ein eigenes »Innenleben«.

Sobald ein Kind »ich« sagen kann, muß es auch seinen Intimbereich schaffen können. Das beginnt damit, daß wir dem Kind früh eine Schublade, eine Ecke, eine Kiste geben, die für die Eltern tabu ist. Später gehört dazu, daß wir seine Post ungeöffnet lassen, es nicht belauschen, nicht in Tagebuch und Handtasche schnüffeln. Sein Intimbereich muß auch im Geistigen aufgebaut werden. So dürfen wir ein Kind nie mit Gewalt zwingen, uns etwas zu sagen, was es nicht sagen möchte. Wir dürfen nicht versuchen, Zärtlichkeiten aufzuzwingen. Ein Kind muß die Mutter abweisen können, wenn sie mit ihm schmusen möchte, ohne daß sie beleidigt ist. Im engeren geschlechtlichen Bereich müssen wir ebenso eine Intimsphäre akzeptieren. Das elterliche Vorbild ist dabei entscheidend. Gehen wir nicht ins Badezimmer, wenn das Kind auf dem Töpfchen sitzt, wird es auch respektieren, daß wir auf der Toilette allein sein möchten. Wenn wir es früh genug sich selbst waschen lassen, wird es auch uns dabei nicht stören. Laufen wir nach dem Bad mit Bademantel herum und nicht nackt, wird unser Kind das als Selbstverständlichkeit übernehmen, ohne daß viel Worte gemacht werden.

Kinder im Elternschlafzimmer

Zum Intimbereich der Eltern gehört in unserem Kulturraum besonders die geschlechtliche Liebe. Wir empfinden die Zur-Schau-Stellung der sexuellen Begegnung als schamlos. Die natürliche Nacktheit in der Familie und das Schambedürfnis der Kinder haben hier eine absolute Grenze.

Deshalb ist es notwendig, Kinder möglichst früh nicht mehr im Elternschlafzimmer schlafen zu lassen. Es besteht sonst die Gefahr, daß sie den Geschlechtsverkehr der Eltern miterleben. Da sie hierzu keine Beziehung haben, kann sich durch ein solches Erlebnis bei ihnen ein Schock mit unangenehmen Spätfolgen einstellen.

Die von Aufklärungsfanatikern gelegentlich geäußerte Meinung, es sei »natürlich«, wenn Kinder das elterliche Intimleben mit ansehen, beruht auf einer fatalen Verkennung der Situation. Der körperliche Liebesakt »in natura« zeigt nicht, was Liebe ist; aus ihm allein wird nichts deutlich. Für Kinder ist er eher ein brutaler Vorgang. Sie glauben vielleicht, der Vater wolle der Mutter »was Böses tun«, wenn sie die Geräusche und Bewegungen im Bett miterleben und die Gefühlsäußerungen beim Orgasmus hören. Wie wir aus leidvollen Erfahrungen der Eheberatung wissen, kann bei einem Menschen, der als Kind den Geschlechtsverkehr der Eltern miterlebte, im Unterbewußtsein ein Leben lang eine tiefe Abneigung vor dem körperlichen Liebesleben bestehen bleiben. Darum gehört auch das noch so kleine Kind nicht neben das Elternbett. Wenn kein Kinderzimmer vorhanden ist, muß nach anderen Lösungen gesucht werden. Das Kinderbett wird in die Küche, den warmen Flur oder einen Wohnraum geschoben. Oder aber die Eltern vollziehen ihren Intimverkehr im Wohnzimmer.

Schamerziehung als Schutz

Schamerziehung ist notwendig. Nicht, weil man sich schämen muß, Geschlechtsorgane zu haben, sondern weil in unserem Kulturraum die sexuelle Begegnung eine Intimbegegnung ist und auch bleiben sollte. Schamerziehung ist keine Abwertung des Geschlechtsbereiches, sondern eine Aufwertung als wertvolles Gut, das es vor Fremden zu schützen gilt.

Jede Schamerziehung dient immer auch dem Schutz der Ehe und Familie. In unserer Zeit, da sich unter manchen Jugendlichen eine Auffassung breitmacht, die den Bestand der Ehe gefährdet, ist Schamerziehung notwendiger denn je. Sie sollte jedoch immer in die Gesamterziehung eingeschlossen und als Erziehung zum Wertempfinden verstanden werden.

Die Grenzen der Intimsphäre sind von Familie zu Familie und von Person zu Person verschieden. Worauf es ankommt, ist, Respekt vor der »Grenze« des anderen zu haben. Wo das Schamgefühl einsetzt, wird durch Tradition, Sitte und religiöse Auffassung mitbestimmt. Die Menschen in Skandinavien etwa denken anders darüber als in Spanien.

Probleme können sich ergeben, wenn Familien, die in Fragen der Nacktheit freizügig denken, eine Ferienwohnung in einer eher kon-

100

servativen Gegend, etwa den Alpen, beziehen. Es sei jedermann unbenommen, auch während der Ferien innerhalb seiner vier Wände sich unbekleidet zu bewegen, aber in der Öffentlichkeit, das gilt auch für das Baden im Meer oder in Seen, hat man als Gast auf die herrschenden Sitten Rücksicht zu nehmen. Das ist weniger eine Frage der Scham als eine Sache des Taktes.

Wie wir die Frage der Schamerziehung auch betrachten, eins sollte unumstößlich gelten:
Jeder Mensch braucht einen »Schutzwall«, hinter den er sich zurückziehen kann, der ihn vor Fremden bewahrt, um glücklich werden zu können. Das gilt in besonderer Weise für die Sexualität, wenn wir in ihr mehr sehen als nur eine Triebbefriedigung, wenn wir die sexuelle Begegnung als personale Begegnung zweier Menschen betrachten, die sich lieben.

Antworten auf Fragen
unserer Kinder

Beim 3- bis 5jährigen Kind wandelt sich das Verhältnis zur Umwelt. Das Kind beginnt, sich bewußt mit seiner Geschlechtsrolle als Junge oder Mädchen auseinanderzusetzen. Es kommt zu Entdeckungen und Erlebnissen auf sexuellem Gebiet, auch zum Kontakt zu anderen Kindern und Erwachsenen. Das Kind begnügt sich nicht mehr mit dem Schauen, es fragt jetzt nach den verschiedenen Körperfunktionen und Bezeichnungen.

Ob Junge oder Mädchen:

Eines Tages »boxt« das Kind vielleicht gegen die Brust der Mutter und möchte wissen, was »das« ist und wozu »es« da ist. Es freut sich, wenn es erfährt, daß es daran als Baby getrunken hat. Es entdeckt seine eigenen Brustwarzen und den Bauchnabel und fragt danach.

Aus der gelegentlichen Beobachtung anderer Kinder oder der Eltern beim Urinieren erwächst die Frage nach dem leiblichen Unterschied zwischen Jungen und Mädchen. Das Kind interessiert sich dafür, wie der Urin den Körper verläßt, warum Jungen beim Urinieren stehen können und Mädchen nicht.

Das Kind fragt nach geschlechtlichen Zusammenhängen; es empfindet sich zunehmend als Geschlechtswesen, doch unterscheidet sich sein sexuelles Interesse grundsätzlich von entsprechenden Vorstellungen Erwachsener und Jugendlicher. Starke sexuelle Gefühle und Erlebnismöglichkeiten sind nicht vorhanden. Es ist deshalb ein Fehler, kindliche Fragen zur Sexualität aus dem Blickwinkel des Erwachsenen zu betrachten. Das ist eine der Ursachen, warum die Beantwortung von Kinderfragen für Eltern oft schwierig und peinlich wird.

Das Kind fragt nicht, weil es ein besonderes Interesse an sexuellen Dingen hat, sondern es fragt, wie auf anderen Gebieten auch, weil es etwas wissen will. Fragen nach Schwangerschaft, Geburt und Geschlechtsorganen sind für Kinder zunächst Sachfragen wie solche nach Augen, Ohren, neuen Zähnen und Verdauung. Ein Kind, das sexuelle Fragen stellt, ist weder »frühreif« noch »verdorben«.

Im allgemeinen fangen Kinder im Alter von 4 bis 5 Jahren damit an, aufgeweckte Kinder fragen früher und mehr. Sie sehen eben mehr, ihnen fällt mehr auf. Je früher die erste Frage kommt, desto eher kommen auch weiterführende Fragen. Wer von Anfang an nie ausweicht und mit seinen Kindern offen über diese wichtigen Dinge des Lebens spricht, wird erfahren, wie unbefangen Kinder darüber reden, wie das Vertrauensverhältnis wächst und wieviel Freude auch die Beantwortung geschlechtlicher Fragen machen kann.

Es ist gar nicht so schwer, wie manche meinen, über dieses Gebiet zu sprechen. Hemmungen sind schnell überwunden, wenn man sich den ersten Ruck gegeben hat und es einmal probiert.

Leitsätze für die Beantwortung

● Ist ein Kind reif für eine Frage, ist es auch reif für eine Antwort!
Ein Kind, das fragt, hat »Probleme«. Es sucht Klarheit und will sein
Wissen erweitern. Wenn wir eine aufschiebende oder abweisende
Antwort geben, geschieht genau das, was wir vermeiden wollen: Die
Aufmerksamkeit des Kindes wird auf diesen Bereich gelenkt. Es
spürt die Unsicherheit der Eltern und glaubt, etwas »Besonderes«
oder gar »Verkehrtes« gefragt zu haben. Die Folge davon ist, daß
seine Phantasie um diesen Punkt vermehrt kreist, es aber vielleicht
die Eltern gar nicht mehr fragt, sondern sich seine Informationen
anderswo holt.
Sagen Sie deshalb nie:
»Dazu bist du noch zu klein!« – »Das verstehst du jetzt noch nicht!« –
»Das brauchst du noch nicht zu wissen!« – »Das sage ich dir
später.«

● Fragen werden in der Regel sofort beantwortet!
Fragen sollten dann beantwortet werden, wenn sie gestellt werden;
Fragen nach dem Lichtschalter, nach dem Füttern und Schlafen von
Tieren werden auch sofort beantwortet und nicht etwa erst, »wenn du
größer bist«. Feierlichkeit, Pathos oder Sentimentalität sind im geschlechtlichen Bereich ebenso fehl am Platz wie in anderen. Wir beantworten die Fragen ohne besonderes Aufheben. Dabei können
wir ruhig unsere Arbeit tun und gleichsam »nebenbei« antworten.
Wenn wir eine Frage nicht wissen, geben wir das offen zu: »Das
weiß ich auch nicht so genau. Frag doch mal den Papa.« Oder: »Du,
ich schau mal in einem Buch nach. Da steht es genau drin.«
Die meisten Fragen werden wir beantworten können, wenn wir den
nächsten Leitsatz beachten:

● Antworten müssen kindgemäß sein!
Die meisten Befürchtungen, etwas nicht zu wissen, sind bei Fragen
von Kindern im Vorschulalter unbegründet. Wir meinen, auf sexuellem Gebiet müßten wir eine umfassende Aufklärung geben können.
Fragt ein Kind, warum im Fernsehapparat ein Mann sitzt, so geben

wir eine schlichte Erklärung ab und sagen vielleicht:»Der Mann sitzt gar nicht im Fernsehapparat. Er sitzt weit weg von uns. Sein Bild wird mit einem Apparat durch die Luft zu uns geschickt. Die Antenne auf dem Dach fängt es ein und bringt es in den Fernsehapparat. Und so können wir ihn sehen und hören. Ist das nicht prima?« Das gleiche methodische Prinzip, das wir hier angewandt haben, gilt auch für den geschlechtlichen Bereich: Die Antwort muß dem Alter angepaßt sein, das heißt entsprechend vereinfacht werden. Diese Vereinfachungen dürfen jedoch nicht den Wahrheitscharakter verletzen.

● Antworten müssen wahr und klar sein!
Fast alle Eltern sind sich heute darüber einig, daß das Klapperstorchmärchen ausgedient hat. Aber auch moderne Märchen, wie: »Ein Kind kauft man im Kaufhaus« oder ähnliche Schwindeleien, sind unangebracht. Wir müssen stets versuchen, die Wahrheit zu sagen.
Für ein Kind ist nur das wahr, was auch klar ist. Wahre Antworten und klare Begriffe sind notwendig, weil es sonst zu grübeln anfängt. Es gibt für ein Kind nichts Verwirrenderes, als durch eine unklare Antwort auf ein Problem gestoßen zu werden, aber durch eine Verschleierungstaktik keine Lösung zu finden. Außerdem wird es nun erst recht neugierig. Viele sogenannte volkstümliche Erklärungen und Bezeichnungen sind in Wirklichkeit Ausweichmanöver. Was unter Klarheit bei der Beantwortung der Kinderfragen zu verstehen ist, wird in den Gesprächsbeispielen dieses Buches verdeutlicht.

● Antworten ja, Vorträge nein!
Die Antworten sollten so kurz sein wie bei den übrigen alltäglichen Fragen auch. Wir brauchen nicht mehr zu sagen, als das Kind wissen will. Wenn es mit einer Antwort nicht zufrieden ist, fragt es von selbst weiter. Das ist besser als lange »Vorträge« zu halten. Manchmal fragt ein Kind sofort weiter, manchmal erst nach einiger Zeit. Durch das Beibehalten der Fragehaltung tun wir nicht nur etwas für die geistige Entwicklung des Kindes, sondern bleiben mit ihm in ständigem Gespräch. Wichtig ist, daß unser Kind spürt: Ich kann

mit meinen Eltern über alles sprechen, und zwar so lange, bis ich alles weiß, was ich wissen möchte.

● Wenn ein Kind nicht fragt, selber beginnen!
Es gibt aber auch Kinder, die mit 6 Jahren noch nicht nach solchen Dingen fragen. In manchen Fällen ist es nicht Veranlagung, sondern sie sind von irgendeiner Seite beeinflußt und schleppen ihr Halbwissen mit sich herum. »Über so etwas spricht man nicht! Schon gar nicht mit Mama und Papa!«
Auch diesen Kindern ist bei passender Gelegenheit das notwendige Wissen zu vermitteln. Man sollte selber das Gespräch beginnen, Fragen provozieren. Wir dürfen nicht warten, bis uns die »Straße« zuvorkommt. Jede sich bietende Gelegenheit sollte wahrgenommen werden: Schwangerschaft in der Familie oder Verwandtschaft, Geburt in der Nachbarschaft usw.

Wonach Kinder fragen

Die kindlichen Fragen können in sehr unterschiedlicher Weise auftauchen, je nach dem Anlaß, warum das Kind gerade jetzt und gerade so fragt. Es gibt drei Hauptfragen, die in ähnlicher Form erfahrungsgemäß immer wieder gestellt werden:

1. Die Frage nach der Herkunft der Kinder:
»Mama, wo kommen die Babys her?«
2. Die Frage nach der Geburt:
»Mama, wie kommen die Babys aus dem Bauch heraus?«
3. Die Frage nach der Zeugung:
»Mama, wie kommen die Babys in den Bauch hinein?«

Herkunft der Kinder

Wenn wir uns an den Grundsatz »Wahrheit« halten, so scheiden als erstes alle »Märchen« aus.

Der Klapperstorch, der ohnehin bei uns fast ausgestorben ist, kann nicht für die vielen Kinder verantwortlich sein. Das spürt schon das kleinste Kind. Die Geschichte vom Zucker auf der Fensterbank oder dem Groschen, der in den »Kinderteich« geworfen wird, nimmt uns auch niemand mehr ab. Das »moderne« Märchen, wonach die kleinen Kinder im Kaufhaus oder in der Klinik gekauft werden, ist zwar eher glaubwürdig, da unsere Kinder sich im Konsumzeitalter daran gewöhnt haben, daß man alles mit Geld erwerben und erreichen kann; aber es dient unserem Anliegen in keiner Weise.

Die Formulierung »unter dem Herzen der Mutter« ist für uns zwar »wahr«, doch nicht für ein Kind, da sie nicht »klärt«, sondern »verklärt«. Außerdem ist sie für Kinder irreführend. Ein Kind sagte darauf: »Jetzt weiß ich auch, warum du eine so dicke Brust hast. Da sitzt sicher ein Baby drin.« Und dann setzt die Phantasie ein: »Wie kommt das Kind da heraus? Muß die Mutter brechen? Oder wird der Bauch aufgeschnitten?«

Auch die Formulierung: »Das Baby wächst im Schoß der Mutter« ist unklar. Ein Lehrer berichtete in diesem Zusammenhang, daß Schüler eines zweiten Jahrgangs bei dem biblischen Bericht vom Besuch Mariens bei Elisabeth an der Stelle: ». . . hüpfte das Kind in ihrem Schoße« (Lk. 1,41) glaubten, Elisabeth habe Johannes auf dem Schoß gehabt und mit ihm »Hoppe-hoppe-Reiter« gemacht.

Der Ausdruck Leib ist ebenso unangebracht, da er nicht Kindersprache ist.

So kann die Antwort auf die Frage:
»Mutti, als ich ganz klein war, wo habt ihr mich da hergeholt?«
nur lauten:
»Wir haben dich nirgends hergeholt. Du bist hier in meinem Bauch gewachsen.«
Was noch hinzugefügt wird, ergibt sich aus den Fragen des Kindes, aus seinem Vorwissen, aus dem Verlauf des Gespräches. Wenn dieser »Kern« gesagt wird, sind alle »Verpackungen« gut.

Situation: In der Nachbarschaft ist ein Baby angekommen. Claudia (5) hat durch Nachbarskinder davon gehört und fragt die Mutter.

Claudia: »*Mama, Frau Schmidt hat ein Baby bekommen.*«
Mutter: »*Ja, Claudia, ich hab' schon davon gehört. Es ist ein Mädchen.*«
Claudia: »*Du, Mama, wo hat die das denn hergeholt?*«
Mutter: »*Aus ihrem Bauch.*«
Claudia: »*Wie . . . aus ihrem Bauch?*«
Mutter: »*Ja, weißt du, alle Babys wachsen im Bauch ihrer Mama.*«
Claudia: »*Das ist aber komisch.*«
Mutter: »*Das ist gar nicht so komisch, sondern sogar sehr schön. Denn im Bauch der Mutter liegt das Baby ganz warm und weich. Keiner kann es stoßen. Wenn es dann so groß wie ein richtiges Baby ist, kommt es heraus. Die Leute sagen dann: Ein Kind ist geboren.*«
Claudia: »*Bin ich auch in deinem Bauch gewachsen?*«
Mutter: »*Ja, natürlich. Und eines Tages warst du da. Mama und Papa haben sich sehr gefreut, als du geboren wurdest. Du warst ein ganz liebes, niedliches kleines Ding wie ein Püppchen.*«
Claudia: »*Mama, bin ich denn heute auch noch lieb?*«
Mutter: »*Wir haben dich heute noch genauso lieb. Wir freuen uns, daß du schon so groß und tüchtig bist. Komm mal zu mir!*«
Die Mutter nimmt das Kind auf den Schoß und ist zärtlich mit ihm.

Es ist zu beachten, die Antworten kurz und knapp zu formulieren. Nach Möglichkeit werden keine fertigen Antworten gegeben. Hinweise bringen das Kind selber zum Nachdenken. Lange Erklärungen sind auch deshalb ungeeignet, weil in der Regel ein Kind in diesem Alter nicht lange ohne Unterbrechung zuhören kann.

Natürliche Situationen bilden immer einen zwanglosen Ausgangspunkt für ein Gespräch. Schwangerschaft und Geburt in der Nachbarschaft sind gut geeignet für die Frage nach der Herkunft der Kinder.

Wichtig ist bei diesem Gespräch, daß die Mutter auch das Größerwerden als etwas Schönes hinstellt und dem Kind bestätigt, daß es weiter von ihr geliebt wird. Kinder wollen das immer wieder von ihren Eltern hören.

Noch schöner ist es natürlich, wenn in der eigenen Familie ein Kind erwartet wird. Man braucht jedoch in den ersten Monaten noch nicht davon zu reden, da Kinder sonst leicht ungeduldig sind und ihnen das Warten zu lang wird.

Situation: Die Mutter hat den Kindern erzählt, daß sie bald ein Brüderchen oder Schwesterchen bekommen. Eines Tages fragt Klaus (4) danach.

Klaus: *»Du, Mutti, wann kaufst du uns denn das neue Brüderchen?«*
Mutter: *»Ein Brüderchen oder Schwesterchen kann man sich nicht kaufen. Wie kommst du eigentlich darauf?«*
Klaus: *»Das hat mir der Jörg erzählt. Der hat gesagt, kleine Kinder kauft man im Kaufhaus.«*
Mutter: *»Das stimmt aber nicht. Der Jörg weiß das sicher noch nicht. Kleine Kinder kauft man nicht, sondern sie wachsen im Bauch der Mutter.«*
Klaus: *»Wie, ist jetzt auch ein Baby in deinem Bauch?«*
Mutter: *»Ja, mein Junge.«*
Klaus: *»Warum wächst das denn in deinem Bauch?«*
Mutter: *»Babys sind zuerst ganz, ganz klein. Sie können nicht selber essen und trinken und auch nicht atmen. Darum müssen sie so lange in Muttis Bauch bleiben, bis sie das alleine können.«*
Klaus: *»Dauert das lange?«*
Mutter: *»Ja, ziemlich lange, fast ein ganzes Jahr. Wenn Weihnachten ein Kind im Bauch anfängt zu wachsen, dann wächst es weiter im Winter, wenn es schneit und noch im Frühling, wenn die Blumen kommen. Es wächst weiter im Sommer, wenn wir baden gehen und ist erst fertig und groß genug, wenn es Herbst wird und die Äpfel reif sind. So lange muß die Frau warten. Neun Monate lang.«*
Klaus: *»Hui, ist das aber lange.«*

Der geeignete Moment, das Gespräch weiterzuführen, ist gekommen, wenn der Leibesumfang der Mutter zunimmt und sie spürt, wie sich das Kind in ihrem Leib bewegt. Dabei trägt es sehr zur Veranschaulichung bei, mit einem Bleistift einen Punkt auf ein Blatt zu malen, wenn davon die Rede ist, wie klein eine Eizelle nach der Befruchtung ist (»so klein wie ein Pünktchen«).

Situation: Stefan (5) weiß, daß die Mutter ein Baby erwartet. Der Leibesumfang fällt ihm auf.

Stefan:»*Mutti, du hast ja so einen dicken Bauch. Früher warst du nie so dick.*«

Mutter:»*Was meinst du wohl, woher das kommt?*«

Stefan:»*Vielleicht hast du zuviel gegessen.*«

Mutter:»*Nein, davon kommt das nicht. Ich habe dir doch erzählt, daß du bald ein Brüderchen oder Schwesterchen bekommst.*«

Stefan:»*Macht das denn deinen Bauch so dick?*«

Mutter:»*Ja, weißt du, das ist so: Wenn ein Baby im Bauch einer Frau anfängt zu wachsen, merkt das zuerst keiner. Denn es ist am Anfang ganz, ganz klein, so klein wie ein Pünktchen. Das Kind wächst und wächst und wird immer größer. Es braucht viel Platz und macht den Bauch immer dicker. Jetzt kann jeder an dem dicken Bauch sehen, daß ein Baby darin ist.*«

Stefan:»*Was macht denn das Baby immer in deinem Bauch?*«

Mutter:»*Es schläft viel. Doch manchmal ist es auch wach. Dann strampelt es kräftig mit seinen Ärmchen und Beinchen und pufft und tritt gegen meinen Bauch. Komm, leg mal deine Hand an meinen Bauch.*«

Stefan:»*Ha, gerade hat es gestrampelt! Das hab' ich richtig gespürt.*«

Mutter:»*Siehst du, jetzt weiß ich, daß das Kindchen lebt. Sag' mal, Stefan, freust du dich denn auch auf das Baby?*«

Stefan:»*Ja klar, Mutti! Aber am liebsten hätte ich ein Brüderchen.*«

Mutter:»*Das kann man sich nicht aussuchen. Man kann vorher nicht wissen, ob es ein Junge oder ein Mädchen wird. Deshalb wollen wir das Baby auch lieb haben, wenn es kein Junge ist.*«

Stefan nickt.

Man sollte ein Kind die Schwangerschaft miterleben lassen, das heißt ihm erlauben, die Hand oder den Kopf an den Leib zu legen, damit es die Stöße fühlen bzw. die Herzschläge hören kann. Dabei kann man das Kind gut zur Rücksichtnahme erziehen, indem man ihm erklärt, daß es jetzt vorsichtig sein muß, wenn es auf Mutters Schoß sitzt. Man spricht davon, daß es mithelfen »darf« (nicht »muß«), wenn das Baby bald da ist. Man kann abends gemeinsam mit dem Kind für das Baby in Mamas Bauch beten. Das Kind hilft mit, wenn das Bettchen aufgestellt wird, es geht mit, wenn Babysachen eingekauft werden usw.

Wenn ein Kind auf diese Weise rechtzeitig auf die Ankunft eines Babys vorbereitet wird, freut es sich darauf. Man vermeide alles, was ein Kind schon vor der Geburt auf den Familienzuwachs eifersüchtig machen könnte. So ist es z. B. nicht richtig, ihm zu drohen, daß es »so einen Krach« aber nicht mehr machen dürfe, wenn das Baby erst einmal da ist.
Bei näherem Erläutern der Zusammenhänge ergeben sich oft zahlreiche Rückfragen. Manche Kinder wollen mehr Einzelheiten wissen, andere weniger.

Situation: Die Mutter erwartet ein Kind. Die Kinder wissen es. Die Mutter hat davon erzählt. Stefan (6) fragt:
Stefan: »*Mama, du hast mir doch gestern gesagt, das Baby in deinem Bauch könnte noch nicht essen.*«
Mutter: »*Ja, das stimmt.*«
Stefan: »*Aber wie kann es denn wachsen, wenn es nichts ißt?*«
Mutter: »*Ich füttere das Baby mit, wenn ich esse und atme. Durch mein Blut bekommt das Baby alles, was es zum Wachsen braucht.*«
Stefan: »*Wie machst du das denn?*«
Mutter: »*Das geht von ganz allein. Innen im Bauch geht ein Schlauch von mir zum Baby. Dadurch fließt das Blut. Der Schlauch endet beim Baby mitten auf dem Bauch. Die Stelle kann man später bei jedem Menschen noch sehen.*«
Stefan: »*Ist das der Bauchnabel?*«
Mutter: »*Ganz richtig. Und die Schnur, die mal daran hing, heißt deshalb auch Nabelschnur.*«
Stefan: »*Hatte ich auch eine Nabelschnur?*«
Mutter: »*Ja sicher.*«
Stefan: »*Wer hat die denn abgemacht?*«
Mutter: »*Als du geboren warst, brauchtest du die Nabelschnur nicht mehr. Du konntest selber essen und trinken. Der Arzt hat sie abgeschnitten, als du gerade geboren warst.*«
Stefan: »*Tat das denn weh?*«

Mutter: »*Nein, davon spürt die Mama nichts und das Baby auch nicht. Der Rest der Schnur vertrocknet und fällt ab. Und nur der Bauchnabel bleibt übrig.*«

Stefan: »*Der Papa hat gesagt, das wär' ein ›Klingelknopf‹. Er hat auch schon mal da dran ›geklingelt‹.*«

Mutter: »*Ja, der Papa macht oft Spaß.*«

Gesunde, wache Kinder fragen viele Einzelheiten. Auf allen Gebieten. Wenn die Eltern geduldig antworten und sie nicht ständig abwimmeln, helfen sie ihnen, sich in der großen Welt zurechtzufinden. Eltern, die freundlich und humorvoll antworten, ermuntern ihre Kinder weiterzufragen und schaffen sich eine Atmosphäre des Vertrauens, die gerade auf sexuellem Gebiet notwendig ist, wenn das Gespräch später (in der Pubertät) fortgesetzt werden soll.

Ein weiteres Gespräch in diesem Zusammenhang könnte so verlaufen:

Situation: Die schwangere Mutter hat den Kindern von dem Baby in ihrem Bauch erzählt. Claudia (5) fragt:

Claudia: »*Mama, wenn du ißt, fällt da dem Baby alles auf den Kopf?*«

Mutter: »*Nein, Claudia, das kann es nicht. Jede Frau hat in ihrem Bauch eine Höhle. Die ist nur für das Baby. Darin wächst es. Diese Höhle hat einen komischen Namen. Sie heißt Gebärmutter.*«

Claudia: »*Ach so, da liegt jetzt das Baby drin?*«

Mutter: »*Ja, Claudia. Darin bleibt es die ganze Zeit, bis es geboren wird.*«

Claudia: »*Hab' ich denn auch schon so eine Höhle in meinem Bauch?*«

Mutter: »*Ja. Jedes Mädchen hat eine Gebärmutter, weil es einmal eine Frau wird und Kinder kriegen kann. Schon die ganz kleinen Mädchen haben sie. Nur ist natürlich noch kein Baby drin.*«

Claudia: »*Warum nicht?*«

Mutter: »*Weil kleine Mädchen noch keine Kinder kriegen können. Sie sind ja selber noch Kinder und müssen erst groß werden und noch viel lernen, bis sie Mutter werden können.*«

112

Claudia: »*Ich will aber auch einmal ein Baby haben, wenn ich groß bin.*«
Mutter: »*Das ist schön. Dann bin ich die Oma von dem Kind.*«
Claudia: »*Kaufst du dann meinem Kind auch viele Spielsachen, wie unsere Oma das tut?*«
Mutter: »*Aber sicher, du kleine Mutti!*«
Claudia lacht und läuft davon.

Die Fragen der Kinder beginnen erst allgemein und werden dann persönlich. Es ist nicht richtig, die Fragen nur rein sachlich zu beantworten, wie es in manchen Büchern empfohlen wird. Das Kind kann seine eigene Geschlechtlichkeit nur dann bejahen, wenn es in seiner Geschlechtsrolle angenommen wird und die Möglichkeit hat, sich mit den Eltern zu identifizieren.

Geburt

Auch hier gilt der Grundsatz: Wahr ist für ein Kind nur, was auch klar ist.
Zunächst einmal muß ein Kind wissen, daß »geboren werden« bedeutet »aus dem Bauch herauskommen«. Fragt also ein Dreijähriges: »*Mutti, wie werden die kleinen Kinder gemacht?*«, so lautet die Antwort: »*Kleine Kinder werden nicht gemacht. Sie werden geboren. So nennen das die großen Leute. Das heißt, sie kommen aus dem Bauch der Mutti.*«
Bei einem dreijährigen Kind dürfen wir nicht meinen, es hätte bei seiner Frage die Zeugung gemeint. Insofern ist die Frage richtig beantwortet. Kinder werden nicht sichtbar hergestellt, sondern kommen bereits fertig zur Welt. Sie werden lebend geboren. An diesem Beispiel mag deutlich werden, daß man bei jeder Frage, wenn man nicht genau weiß, was gemeint ist, Rückfragen stellt.
Fragt ein Kind, *wie* oder *wo das Baby aus dem Bauch herauskommt*, so heißt die Antwort: »*Zwischen den Beinen der Mutter.*« Das wird nun genau lokalisiert: »*Da, wo die Spalte ist.*«
Auf die Frage: »*Wenn das Baby aus dem Bauch kommt, platzt dann*

113

der Bauch?« lautet etwa die Antwort: »*Nein. Das geht viel besser und schöner. Die Babys kommen zwischen den Beinen der Mutti heraus. Da, wo man die Spalte sieht.*«

Es ist nicht zweckmäßig, die Frage nach der Geburt zu beantworten, solange der Unterschied der Geschlechter und die Herkunft der Kinder unbekannt sind. In einem solchen Fall müßte man also erst auf die Unterschiede im Körperbau zwischen Mädchen und Jungen eingehen (Geschlechtsorgane) und dann von der Schwangerschaft berichten, bevor die Frage nach der Geburt beantwortet wird.

Ein längeres Gespräch mit einem 6jährigen Kind könnte sich etwa so abspielen:

Situation: Die Kinder wissen um die Schwangerschaft der Mutter. Die Mutter hat erzählt, daß ein Baby in ihrem Bauch wächst. Eines Tages fragt Claudia (6):

Claudia: »*Mutti, wo kommt eigentlich das Baby aus deinem Bauch heraus?*«

Mutter: »*Zwischen den Beinen.*«

Claudia: »*Zwischen den Beinen?*«

Mutter: »*Ich will dir das einmal genau erklären. Du weißt, daß alle Frauen zwischen den Beinen eine Spalte haben. Darin ist ein Loch versteckt. Dieses Loch ist das Ende einer Röhre, die in den Bauch geht, genau bis zu der Höhle, in der das Baby gewachsen ist, bis zur ›Gebärmutter‹, wie die Erwachsenen die Höhle nennen. Durch diese Röhre kommt das Baby heraus. Das nennt man dann ›Geburt‹.*«

Claudia: »*Du hast aber doch gesagt, das Baby ist bei der Geburt so groß wie meine große Puppe.*«

Mutter: »*Ja, das stimmt.*«

Claudia: »*Aber dann paßt es doch gar nicht durch das kleine Loch da unten!*«

Mutter: »*Doch. Das geht so: Der Schlauch von der Gebärmutter nach draußen, der Scheide heißt, kann sich ganz weit dehnen wie ein kleiner Gummiring. Die Scheide wird so weit, daß das Baby hindurchkann. Erst kommt das Köpfchen und dann das ganze Baby.*«

Claudia: »*Mutti, tut das denn weh?*«

Mutter: »*Ja, zum Schluß tut es weh. Aber das habe ich schnell wieder*

114

vergessen, weil ich mich so auf dich gefreut habe. Du warst so nied-
lich, und ich war so glücklich, daß du da warst.«

Claudia: »Du, Mutti, warum kommt denn das Baby da raus, wo auch
das Pipi rauskommt?«

Mutter: »Wo sollte es denn sonst herauskommen? Das ist der kürzeste
Weg. Und so, wie du dir das vorstellst, ist das gar nicht. Da gibt es
nämlich zwei Röhrchen. Durch das eine kommt nur Pipi heraus. Und
durch das andere, die Scheide, nur das Baby.«

Claudia: »Haben denn Frauen zwei Löcher da unten?«

Mutter: »Ganz richtig. Nur sieht man das von außen nicht. Man sieht
nur die schmale Spalte. Ich will dir das mal genau auf einem Bild in
einem Buch zeigen.«

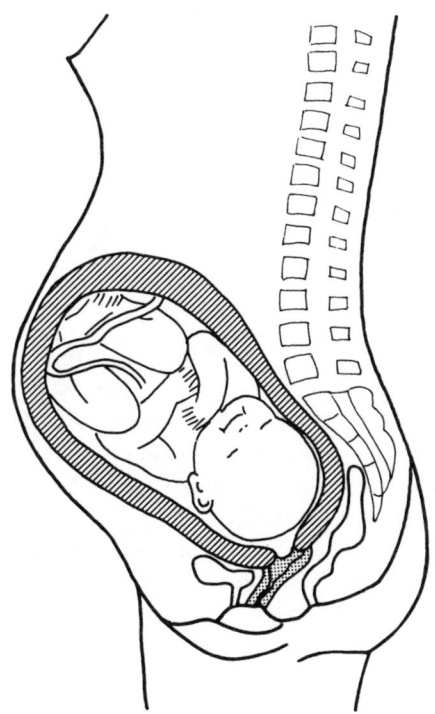

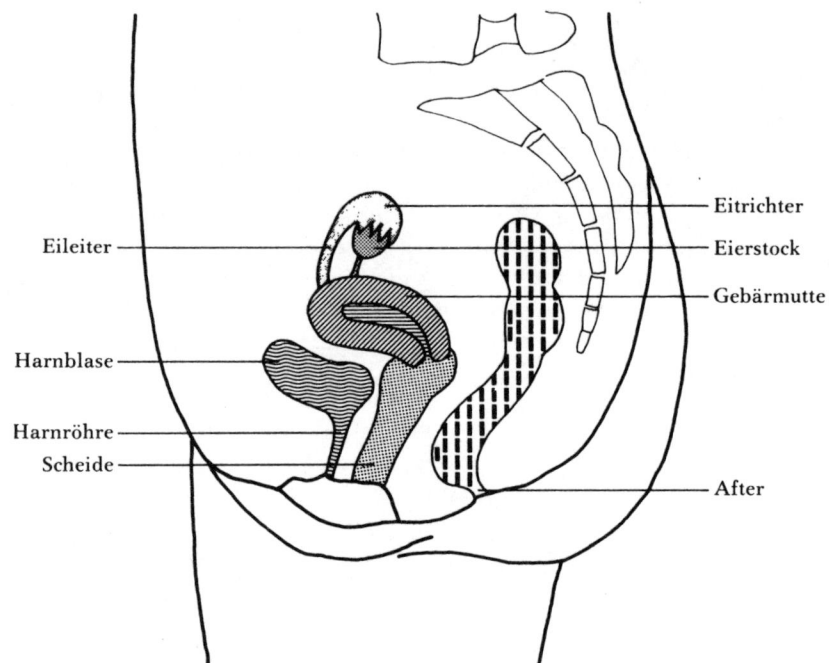

Eitrichter
Eierstock
Gebärmutte
After

Eileiter
Harnblase
Harnröhre
Scheide

Zunächst einmal ist es wichtig, daß sich ein Kind den Vorgang der Geburt vorstellen kann. Das verdeutlichen am besten Zeichnungen. Es genügt schon eine einfache Darstellung wie die hier gezeigte. Man kann jedoch auch Aufklärungsbücher für ältere Kinder heranziehen, ja sogar Ehebücher und Lexika, wenn man dem Kind an einer Abbildung etwas erklären will.

Wichtig ist, daß dem Kind anhand der Abbildung ersichtlich wird: Die Scheide ist der Geburtsgang, durch den nur das Baby zur Welt kommt. Sonst könnten Kinder annehmen, Babys würden mit Kot oder Urin verschmutzt geboren. Man kann noch ergänzend hinzufügen, daß Frauen drei Körperöffnungen haben: für den Kot den After, für den Urin die Harnröhre, für das Kind die Scheide; Männer

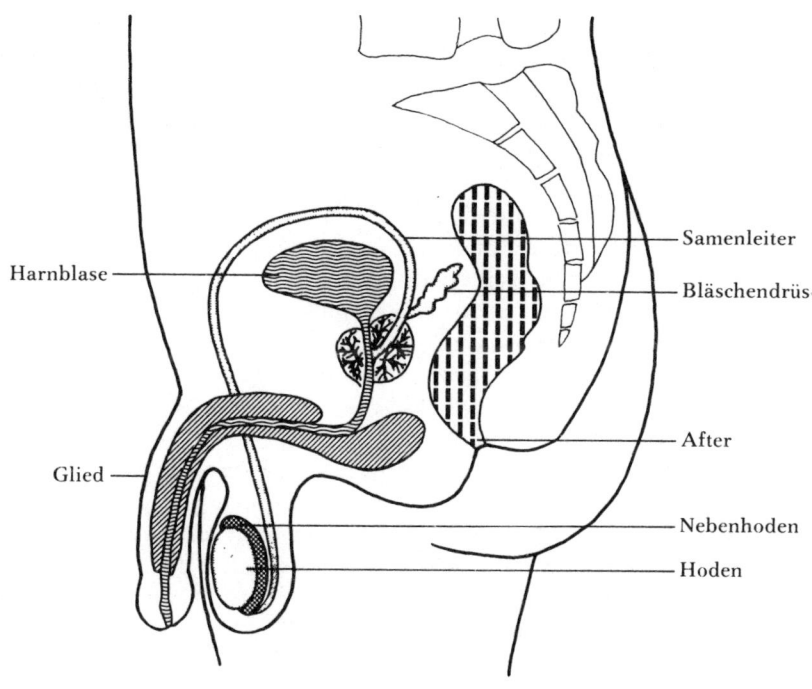

Harnblase

Glied

Samenleiter

Bläschendrüs

After

Nebenhoden

Hoden

dagegen nur zwei: für den Urin das Glied, für den Kot den After. Das läßt sich durch eine Gegenüberstellung der männlichen und weiblichen Geschlechtsorgane mit Hilfe einer einfachen Zeichnung darstellen.

Ein weiterer Punkt, der zu beachten ist: Auf eine entsprechende Frage des Kindes sollte wahrheitsgemäß geantwortet werden, daß eine Geburt nicht leicht ist und eine Frau auch Schmerzen dabei hat. Nur darf man die Vorgänge nicht dramatisieren und Details erzählen, damit sich (besonders bei Mädchen!) keine Angstvorstellungen festsetzen, die Spätfolgen haben könnten. Wir wissen heute, daß der Geburtsschmerz von Gebärenden sehr unterschiedlich empfunden wird, je nachdem, ob sie Angst davor haben und verkrampft sind oder nicht. Ein letzter Hinweis dient ebenfalls der Veranschaulichung: Wenn man von der Dehnung der Scheide spricht, empfiehlt es sich, einen Gummiring herzuholen und zu demonstrieren, wie sich Gummi dehnen kann.

Bei dem Gespräch über die Geburt fragen die Kinder oft nach weiteren Einzelheiten, etwa nach dem Krankenhaus. Das wird mit gleicher Selbstverständlichkeit beantwortet.

Situation: Jürgen (5) hat davon gehört, daß Kinder im Krankenhaus zur Welt kommen und fragt seine Mutter:

Jürgen: »*Mama, warst du dabei, als ich geboren wurde?*«

Mutter: »*Ja sicher, mein Junge. Ich habe dich doch geboren. Du warst doch vorher in meinem Bauch.*«

Jürgen: »*Aber du hast doch zu Annette (ältere Schwester) gesagt, daß du im Krankenhaus warst, als ich geboren wurde.*«

Mutter: »*Ja, das stimmt. Du bist im Krankenhaus geboren.*«

Jürgen: »*War ich denn krank, als ich geboren wurde?*«

Mutter: »*Nein. Du warst ein gesundes und liebes Kerlchen und konntest schon ganz laut schreien. Fast alle Kinder werden im Krankenhaus geboren.*«

Jürgen: »*Warum denn, Mama?*«

Mutter: »*Im Krankenhaus sind Ärzte und Schwestern. Die helfen dem Baby, damit es richtig aus dem Bauch der Mama kommen kann. Und dann bleibt die Mutter noch ein paar Tage dort und ruht sich aus. Eine Geburt ist nämlich auch für die Mutter ganz schön anstrengend.*«

Jürgen: »*Du, Mama, wenn meine Frau mal Kinder kriegt, soll die aber auch ins Krankenhaus gehen.*«

Mutter: »*Das wird sie bestimmt auch. Aber da hast du ja noch lange Zeit. Du mußt erst mal groß werden und viel lernen und Geld verdienen. Dann kannst du heiraten.*«

Die Frage nach der Geburt sollte, wenn ein Kind vor Schulbeginn noch nicht danach fragt, auf jeden Fall im Laufe des ersten oder zweiten Schuljahres beantwortet werden. Die Mutter müßte dann von sich aus bei passender Gelegenheit darauf zu sprechen kommen.

Wir dürfen nicht vergessen, daß sich heute schon Schulanfänger auf dem Schulweg, Schulhof oder nachmittags offen darüber unterhalten.

Zeugung und Empfängnis

Die Beantwortung dieser Frage macht den Eltern die meisten Schwierigkeiten. Über Geburt und Schwangerschaft läßt sich noch relativ leicht sprechen, die Tatsache der Zeugung möchte man indes am liebsten verschweigen. Zunächst muß einem Mißverständnis vorgebeugt werden. Kinder in den ersten Lebensjahren interessieren sich im allgemeinen nicht für den Zeugungsvorgang, selbst wenn sie fragen: *»Wie kommt denn das Kind in den Bauch der Mutter rein?«* Sie haben ein ganz anderes Problem. Die Mutter hat vom Wachsen des Babys im Bauch erzählt, hat davon berichtet, wie es immer größer wurde und schließlich bei der Geburt so groß »wie deine große Puppe« war. Und nun stellt sich für das Kind die Frage: *» Wer hat eigentlich ein so großes Kind in den Bauch der Mutter gebracht?«* Selbst wenn die Mutter von der Entstehung des Kindes, von seinem Wachsen aus einem winzig kleinen »Pünktchen« berichtet hat, kann dieses Problem auftauchen. Da die embryonale Entwicklung für ein Kind in diesem Alter unvorstellbar ist, werden Erklärungen über diese Phase oft nicht bewußt aufgenommen. Ein Kind kann sich »ein noch nicht fertiges Baby« kaum vorstellen. Die Antwort auf die obige Frage lautet deshalb: *»Das Kind ist überhaupt nicht in die Mutter hineingekommen. Es ist von Anfang an darin gewachsen.«* Dabei wiederholen wir noch einmal die Entwicklung aus einem winzigen Ei. Sollte sich allerdings herausstellen, daß ein Kind tatsächlich nach der Zeugung fragt, weil es vielleicht durch andere davon gehört hat, so sollte klar und wahr in kindgemäßer Form gesagt werden, daß der Vater der Mutter seinen Samen gibt und dabei sein Glied in die Scheide der Mutter steckt.

119

Situation: Stefan (6) weiß, daß Babys im Bauch der Mutter wachsen. Er weiß auch, daß sie durch die Scheide zur Welt kommen. Eines Tages fragt er die Mutter unvermittelt:

Stefan:»*Du, Mutti, ich war doch früher mal in deinem Bauch?*«
Mutter:»*Ja, mein Junge, das habe ich dir doch schon erzählt. Da warst du ganz nahe bei mir, und ich konnte es kaum abwarten, bis du herauskamst, bis du ›geboren‹ wurdest.*«
Stefan:»*Mutti, sag mal, wie bin ich eigentlich in deinen Bauch reingekommen?*«
Mutter:»*Überhaupt nicht, du warst von Anfang an darin.*«
Stefan:»*Von Anfang an? Was heißt das?*«
Mutter:»*Ich habe dir früher erzählt, daß du erst ganz, ganz klein warst wie ein kleines Pünktchen. Und dieses Pünktchen war schon immer in meinem Bauch.*«
Stefan:»*Das ist aber komisch.*«
Mutter:»*Das ist wunderbar. Ich will dir das genauer erklären. Das kleine Pünktchen, aus dem du geworden bist, sieht genauso aus wie ein Ei. Nur ist es viel, viel kleiner. Man nennt es Eizelle. Jede Frau hat viele tausend Eizellen in ihrem Bauch.*«
Stefan:»*Warum denn so viele?*«
Mutter:»*Vielleicht, damit eine Frau immer ein Baby bekommen kann, wenn sie sich eins wünscht.*«

Oftmals wird das Gespräch hier beendet sein, das heißt, das Kind will gar nicht nach dem Zeugungsvorgang fragen. Als Regel für alle Fragen gilt: Im Gespräch durch Impulse herausfinden, was gemeint ist!

Sollte sich ein Kind jedoch schon für den Zeugungsvorgang interessieren, so fragt es vielleicht wie folgt weiter:

Stefan:»*Wie geht das denn, wenn eine Frau sich ein Kind wünscht?*«
(Oder:»*Wann fängt denn ein Kleines in deinem Bauch an zu wachsen?*«)
Mutter:»*Damit das geschehen kann, muß zu der Eizelle noch etwas hinzukommen vom Papa.*«
Stefan:»*Vom Papa?*«
Mutter:»*Ja. Der Papa hat hinter seinem Glied einen Sack mit zwei Kugeln wie du.*«

120

Stefan: »*Die Kügelchen heißen Hoden.*«
Mutter: »*Ja richtig, das hast du gut behalten. Und in diesen Hoden wachsen ganz winzige, dünne Fädchen. Die heißen Samenfäden oder Samenzellen. Und eins von diesen dünnen Samenfäden muß zu der Eizelle in Mamas Bauch kommen und mit ihr zusammentreffen. Dann erst fängt die Eizelle an zu wachsen.*«
Stefan: »*Wie können die Fädchen in deinen Bauch kommen?*«
Mutter: »*Der Papa legt sein Glied in die Scheide der Mama. Da kommen durch ein Röhrchen im Glied die winzig kleinen Samenzellen angeschwommen, schwimmen durch die Scheide in Mamis Bauch und suchen sich eine kleine Eizelle. Wenn eine Samenzelle vom Papa auf eine Eizelle von der Mama trifft, dann, in diesem Augenblick, entsteht ein Kind.*«
Stefan: »*Tut das denn weh, Mama?*«
Mutter: »*Nein, das ist sogar sehr schön. Papa und Mama umarmen sich dabei und küssen sich und sind ganz glücklich.*«
Stefan: »*Mama, das will ich mal sehen.*«
Mutter: »*Nein, das geht nicht. Papa und Mama wollen nicht, daß jemand dabei ist. Da wollen sie ganz allein sein. Wenn du groß bist, verstehst du das besser. Dann willst du auch mit deiner Frau allein sein.*«
Stefan: »*Dann laß ich dich aber auch nicht zugucken.*«
Mutter: »*Nein, mein Junge. Das will ich auch nicht. Alle Menschen wollen allein sein, wenn sie sich so liebhaben.*«

An diesem Beispiel wird deutlich, was mit »Klarheit« gemeint ist. Die Beantwortung der Frage nach der Zeugung wird ohne Zweifel manchen Eltern nicht leichtfallen. So kommt es, daß sie »im Ernstfall« das Kind abwimmeln oder vertrösten. Da man weiß, daß diese Frage eines Tages auftaucht, möchte man am liebsten gar nicht mit der Aufklärung beginnen.

Die Befürchtung, Kinder würden mit dieser »Fragerei« in die eheliche Intimsphäre eindringen und sie verletzen, besteht zu Unrecht. Die Art des Fragens zeigt deutlich, daß Kinder überhaupt keine Vorstellung von Geschlechtslust und Geschlechtsverkehr haben. Und besonders die in diesem Zusammenhang gestellten »unmöglichen« Fragen zeigen die Unbekümmertheit der Kinder.

So kann es z. B. geschehen, daß Kinder sich erkundigen, ob denn der Vater »dabei die Hose ausziehen müsse«. Gewiß wird sich mancher vor der Antwort erst einen kleinen »Ruck« geben müssen. Wenn man aber einfach und ruhig auf alles antwortet, was gefragt wird, stellt man fest, wie unbefangen Kinder in dieser Altersstufe sind und die Fragen, die Erwachsene in diesem Zusammenhang beschäftigen, sie nicht interessieren. Das Kind erwartet keine Vorlesung über anatomische oder technische Einzelheiten des Sexualbezugs; es fragt vielmehr nach dem »Lebenssinn der geschlechtlichen Phänomene, um sie seinem Selbst- und Weltverständnis einordnen zu können« (van den Berg). Aus diesem Grunde ist es auch notwendig, mit Behutsamkeit über die Lustgefühle zu sprechen, die den Liebesakt begleiten, denn irgendwann fragen Kinder danach. Selbst wenn sie das Geschehen nicht nachvollziehen können, sollten sie erahnen, daß Liebesbegegnungen zu den schönsten gemeinsamen Erlebnissen zwischen Mann und Frau zählen, daß Liebende sich deshalb daran erfreuen und nicht nur, wenn sie sich ein Kind wünschen.

Was muß ein Kind wissen?

Die in diesem Buch aufgeführten Beispiele sind keine aufgezeichneten Protokolle, sondern mögliche Gespräche. Jedes Kind fragt anders, jede Mutter, jeder Vater antwortet anders. Es wäre deshalb falsch, die Gespräche einfach kopieren zu wollen. Entstanden sind sie aus der Erinnerung in der eigenen Familie. Es ging mir vor allem darum, einmal aufzuzeigen, wie man auf Kinderfragen klar, wahr und kindgemäß antworten kann. Die Gespräche können in ähnlicher Form etwa zwischen 4 und 8 Jahren geführt werden. Dabei wird die Frage nach der Zeugung in manchen Fällen erst mit 9 oder 10 Jahren gestellt. Sie sollte jedoch auf jeden Fall vor Eintritt der Pubertät beantwortet werden. Wenn wir bedenken, daß heute die Kinder eher geschlechtsreif werden als vor dreißig Jahren und überall freizügig über sexuelle Fragen gesprochen wird, so scheint mir der späteste Termin für ein Gespräch über die Zeugung das 4. Schuljahr zu sein. Ohnehin wird in den meisten Bundesländern im 3. oder 4.

Schuljahr diese Frage im Unterricht behandelt. So ergeben sich gute Möglichkeiten, daran anzuknüpfen und zu Hause das Gespräch weiterzuführen.

Oftmals wird die Frage gestellt:»Was muß ein Kind wissen, wenn es in die Schule kommt?« Darauf möchte ich antworten: Ein Kind, das zur Schule kommt, sollte
● in der Lage sein, seine eigenen äußeren Geschlechtsorgane mit ordnungsgemäßen Namen zu benennen;
● wissen, woran man Jungen und Mädchen unterscheiden kann;
● darüber Bescheid wissen, daß ein Kind im Bauch der Mutter heranwächst.

Wichtig ist vor allem, daß jedes Kind Sicherheit über seine Geschlechtsidentität erlangt hat. Das gelingt am besten, wenn die anfängliche Zweierbeziehung Mutter – Kind zur Dreierbeziehung Mutter – Vater – Kind erweitert wurde. Dann weiß der Junge, daß er ein Mann wird, das Mädchen sieht in seiner Mutter das Vorbild. Ist darüber hinaus die Neugier des Kleinkindes, sein Forscherdrang auf sexuellem Gebiet durch konkretes Anschauen und Begreifen, wie es in diesem Buch geschildert wurde, befriedigt worden, so tritt in den Jahren zwischen 6 und 10 eine Beruhigung ein. Die Psychologie spricht von einer sexuellen Latenzphase.
Neben den»klassischen« Grundfragen nach den Geschlechtsunterschieden, nach Schwangerschaft, Geburt und Zeugung ergeben sich – je älter die Kinder werden – durch nähere Erläuterungen der Zusammenhänge, die kindliche Phantasie oder durch aktuelle Anlässe zahlreiche weitere Fragen. So sieht ein Kind in der Großstadt beinahe in jeder Gaststätten-Toilette einen Automaten mit Kondomen und fragt vielleicht danach. Kinder, die auf dem Lande aufwachsen, die Geburt und Tod bei Tieren als etwas Natürliches und Alltägliches miterleben, stellen sicherlich ganz andere Fragen. Aufgeweckte Kinder wollen vielleicht mehr Einzelheiten wissen als in sich gekehrte, die nicht so viel fragen. Manche Fragen treten erst auf, wenn unsere Kinder durch Freunde, oftmals auch ältere Spielkameraden, darauf aufmerksam gemacht werden, in Illustrierten darüber

lesen oder im Fernsehen davon erfahren. Die möglichen Fragen sind so vielfältig wie das Leben selbst.

Wie sag ich's meinem Kind?

Neben einer klaren und kindgemäßen Wortwahl ist die Atmosphäre der Offenheit und des Vertrauens entscheidend für ein Gespräch. Das Kind muß spüren, daß es nach allem fragen darf und auf alles eine ehrliche Antwort bekommt. Wie geantwortet wird, hängt von vielen Gesichtspunkten ab: Ein Vater wählt oftmals andere Worte als eine Mutter, ein Arbeiter spricht mit seinen Kindern anders darüber als ein Studienrat. Ich meine, jeder sollte sprechen wie sonst auch, wie »ihm der Schnabel gewachsen ist«. Eine Mutter sagte mir einmal: »Wir tun eigentlich nicht viel, sondern erklären, solange Interesse da ist, bei anfallenden Begebenheiten. Nicht mehr und nicht weniger.«
Diese Haltung scheint mir die richtige zu sein: so lange mit dem Kind im Gespräch zu bleiben, wie es etwas wissen will, aber ihm auch nicht mehr zu sagen, als es wissen möchte. Wir dürfen nicht vergessen, daß es für ein Kind nicht nur geschlechtliche, sondern auch viele andere Fragen und Sorgen gibt. Hört es bei einem Gespräch nicht mehr richtig zu und möchte es sich anderen Dingen zuwenden, so fehlt die echte Fragehaltung, und wir können getrost das Gespräch beenden. Will unser Kind mehr wissen, kommt es sicherlich bei anderer Gelegenheit von selber darauf zurück.

Besondere Fragen

Auf alle Fragen, die ein Kind stellt, kann dieses Buch nicht eingehen. In Zweifelsfällen stehen in jeder Familie Lexika und andere Nachschlagewerke zur sachlichen Information zur Verfügung. Doch gibt es neben den in diesem Buch ausführlich behandelten Fragen einige besonders interessante, die von Kindern immer wieder gestellt werden und darum kurz beantwortet werden sollen. Auf die Gesprächsform möchte ich dabei verzichten; doch will ich versuchen, in einer kindgemäßen Sprache zu antworten, die eine Anregung sein kann.

Wie entstehen Zwillinge?

Du fragst da etwas sehr Interessantes. Sicherlich weißt du schon, daß Zwillinge nicht oft geboren werden. Unter hundert Geburten gibt es sie nur einmal. Und das kommt so: Bei der Zeugung kann es passieren, daß zur gleichen Zeit zwei verschiedene Eizellen von zwei verschiedenen Samenzellen befruchtet werden. In jede der beiden Eizellen dringt eine Samenzelle ein, und aus jeder wächst dann ein Baby heran. Es entstehen also zwei Kinder nebeneinander in der Gebärmutter. Weil sie aus zwei Eizellen gewachsen sind, nennt man sie zweieiige Zwillinge. Sie können ein verschiedenes Geschlecht haben, also ein Junge und ein Mädchen sein, und sehen sich auch sonst nicht ähnlicher als Geschwister. Wenn man so will, kann man sagen: Es sind Geschwister, die zufällig zur gleichen Zeit im Bauch der Mutter gewachsen sind. Sie unterscheiden sich nur in einem Punkt von »normalen« Geschwistern, daß sie nämlich fast gleich alt sind. In der Gebärmutter wird es allerdings etwas eng für beide; Zwillinge kommen deshalb manchmal etwas zu früh zur Welt und sind ein wenig kleiner und schwächer als andere Babys.

Was sind eineiige Zwillinge?

Noch seltener kommt es vor, daß aus einer einzigen Eizelle und einer einzigen Samenzelle zwei Kinder entstehen. Darum heißen sie dann auch eineiige Zwillinge. Das sind eigentlich die »echten« Zwillinge. Du weißt ja schon, daß sich die befruchtete Eizelle teilt, erst in zwei, dann in vier, in acht Teile und immer weiter. Manchmal tun nun die beiden Hälften einer Eizelle so, als ob jede »ein Ei für sich« sei; sie »vergessen« völlig, daß sie in Wirklichkeit zusammengehören. So entwickelt sich nicht ein Kind, sondern es wachsen zwei Kinder heran. Das ist ein sehr geheimnisvoller Vorgang.

Eineiige Zwillinge haben immer das gleiche Geschlecht, sind also immer nur zwei Mädchen oder zwei Jungen. Sie sehen nicht verschieden aus wie Geschwister, sondern sind sich zum Verwechseln ähnlich. Meistens können nur die eigenen Eltern sie an winzigen Unterschieden auseinanderhalten. Fremde Leute, auch die Lehrer in der Schule, verwechseln sie oft, und das kann lustig sein. Zwillinge haben ihren Spaß daran. Sie halten schon als Kinder eng zusammen, meist auch später als Erwachsene. Für eine Mutter ist es nicht immer leicht, Zwillinge zu haben. Schon während der Schwangerschaft trägt sie eine »doppelte Last«. Auch als Babys und später machen Zwillinge mehr Arbeit, doch auch viel Freude.

Ist auch alles in Ordnung?

So fragen viele Mütter nach der Geburt die Hebamme besorgt. Sie möchten wissen, ob ihr Kind auch alle Fingerchen hat und alle Zehen. Schon während der Schwangerschaft sagen Eltern manchmal: »Egal, ob es ein Junge oder Mädchen wird, Hauptsache, das Kind ist gesund.« In den meisten Fällen kann die Hebamme »ja« sagen. Doch das tröstet nicht die Eltern, deren Kind mit einem Schaden – mit einer »Mißbildung«, wie wir sagen – zur Welt kommt.

Wenn man bedenkt, wie kompliziert die Entwicklung eines Kindes ist, das sich aus einem winzig kleinen Ei zu einem Menschen mit Armen, Beinen, Ohren, Augen und Herz und vielem anderen bildet, so ist es eigentlich ein Wunder, daß meistens alles gutgeht. Nur in Ausnahmefällen kommt es zu einer Mißbildung. Man redet heute viel über bestimmte Medikamente und Gifte der Umwelt, die zu Mißbildungen führen. Doch können sie auch erblich bedingt sein. Früher waren die Röteln eine Krankheit, die während der Schwangerschaft schlimme Folgen für das Kind hatte. Heute kann man sich gegen Röteln impfen lassen. Wichtig ist, daß eine werdende Mutter von Anfang an regelmäßig den Arzt aufsucht und keine Tabletten nimmt, ohne ihn zu fragen. Auf keinen Fall sollte sie in dieser Zeit rauchen. Wie gesagt, Gott sei Dank ist bei den meisten Geburten alles in Ordnung.

● Und noch ein Hinweis für Eltern:
Wichtig erscheint mir, daß man sich mit Kindern über das Normale

unterhält und in Gesprächen über Mißbildungen der Leibesfrucht etwas Zurückhaltung übt. Einzelheiten brauchen sich Kinder nicht zu merken. Sie sollten erfahren, daß Störungen von außen selten sind, da das Kind im Bauch der Mutter vor Verletzungen gut geschützt ist.

Auch sollten sie wissen, daß man das Ungeborene schon umsorgen und beschützen und alles tun muß, damit seine normale Entwicklung nicht behindert wird. Notwendig ist auch, darauf hinzuweisen, daß Kinder, die mit einer Mißbildung geboren werden, zwar in vielen Fällen behindert, aber Menschen wie alle anderen sind, oft mit hohen Begabungen und vielen Talenten, Menschen, die Hilfe von anderen benötigen, aber auch anderen helfen können.

Was ist eine Fehlgeburt?

Ein Kind, das in den ersten sechs Monaten der Schwangerschaft geboren wird, ist noch so klein und schwach, daß es außerhalb des Bauches der Mutter nicht leben kann. Es stirbt schon bei der Geburt oder kurze Zeit später. Man nennt das dann eine Fehlgeburt.
Eine Fehlgeburt ist für Eheleute eine traurige Sache. Sie haben sich auf das Kind gefreut und sind nun unglücklich, daß sie nicht Vater und Mutter werden. Nach einer Fehlgeburt muß die Frau einige Tage unter Aufsicht des Arztes im Bett bleiben. Ein Trost ist, daß sie in vielen Fällen durch eine neue Schwangerschaft noch Kinder bekommen kann.

Was ist eine Frühgeburt?

Eine Frühgeburt ist etwas anderes. Im allgemeinen muß ein Kind ungefähr neun Monate im Bauch der Frau wachsen, bevor es geboren wird. Wenn aber ein Kind einen oder zwei Monate zu früh auf die Welt kommt, also im siebten oder achten Schwangerschaftsmonat, so handelt es sich um eine Frühgeburt. Das Frühgeborene ist kleiner und leichter als ein anderes Baby. In einem solchen Fall muß der Arzt helfen, damit das Kind am Leben bleibt. Es macht anfangs viel Mühe, ein frühgeborenes Baby zu versorgen und zu pflegen. Deshalb kommt es im Krankenhaus in ein besonderes, sogar geheiztes Bett, das man »Brutkasten« nennt. Hier liegt es warm und geschützt wie im Bauch der Mutter. Die Mutter darf es erst mit nach Hause nehmen, wenn es kräftig genug ist und wie ein anderes Baby leben kann. Später sieht man es einem Menschen nicht mehr an, ob er nach sieben oder neun Monaten geboren wurde.

Was ist eine Zangengeburt?

Manchmal sind die Wehen einer Frau bei der Geburt nicht stark genug, um das Kind ganz aus dem Bauch herauszudrücken. Kann der Arzt dann eine andere Art der Geburtshilfe nicht anwenden, so nimmt er eine »Zange« zu Hilfe. Sie sieht aus wie zwei große flache Löffel mit Löchern in der Mitte. Damit kann er den Kopf des Kindes schon in der Scheide fassen und so dem Kind und der Mutter bei der Geburt helfen. Eine Zangengeburt ist heute selten, weil der Arzt viele andere Hilfen kennt.

Was ist ein Kaiserschnitt?

Es gibt Frauen, bei denen sind Becken und Scheide so eng, daß das Kind auf normalem Weg nicht geboren werden kann. Das hat der Arzt bei der Untersuchung während der Schwangerschaft festgestellt. Dann wird das Kind durch eine Operation geboren, die man Kaiserschnitt nennt. Der Arzt schneidet den Bauch unterhalb des Bauchnabels auf und holt das Kind heraus. Die Mutter bekommt dabei eine Narkose wie bei jeder anderen Operation auch. Sie merkt nichts davon. Wenn sie wach wird, ist das Kind schon geboren und wird ihr in den Arm gelegt. Später sieht man von dem Kaiserschnitt nur noch eine kleine Narbe, ähnlich wie bei einer »Blinddarm«-Operation. Nach einem Kaiserschnitt kann die Mutter später wie andere Frauen noch ein Kind bekommen.

● Für die Beantwortung dieser und anderer Sonderfragen gilt: Wir beantworten nur immer das, was gefragt wird. Wir sollten darauf verzichten, mit unseren Kindern alle nur möglichen Komplikationen bei der Geburt zu besprechen. Dadurch werden Schwangerschaft und Geburt unnötig schwierig gemacht. Eine sinnvolle geschlechtliche Erziehung soll ja verhindern, daß Mädchen Angst vor der Geburt bekommen. Eine klare Information trägt sicherlich mit dazu bei, nicht jedoch ein Sich-Verlieren in gynäkologische Einzelheiten. Vor allem scheint es mir wichtig, jede sachliche Erklärung mit einigen liebevollen Worten gefühlsmäßig zu verankern.

Einflüsse von außen

Während wir unser Kind bis zum dritten Lebensjahr fast stets um uns haben und es sich nicht allein außerhalb der Familie aufhält, so müssen wir von nun an auch mit fremden Einflüssen rechnen: Es spielt mit gleichaltrigen und älteren Kindern aus der Nachbarschaft, spricht mit Erwachsenen, geht in den Kindergarten, begegnet fremden Menschen, ja, es kann auch an Verführer geraten.

Mit andern Kindern spielen

Zur gesunden Entwicklung benötigen Kinder Anregungen von außen. Soziale Kontakte entstehen vor allem durch das Spielen mit anderen. Anfangs ist das kleine Kind egozentrisch orientiert. Es erlebt sich selbst als Mittelpunkt und denkt nur von sich aus und auf sich bezogen. In der Begegnung mit anderen Menschen wird diese Haltung allmählich verändert. Der erste Spielkamerad eines Kindes ist, wie wir sahen, die Mutter. Beim Baden und Windeln patschen die Händchen in Mutters Gesicht, greifen in ihre Haare. Die Mutter erwidert diese Kontaktaufnahme und spielt mit den Händen und Füßen des Kindes. Sie singt dabei und erzählt Krabbelmärchen. Außer der Mutter sind der Vater, der Bruder, die Schwester sowie Oma und Opa seine Spielkameraden. Dann kommt die Zeit, da das Kind nach draußen will. Das Bettchen, das Ställchen, die Wohnung werden ihm zu eng. Es verlangt nach neuer Umgebung, nach fremden Gesichtern, nach anderen Spielkameraden.

Die ersten gemeinsamen Spiele der Kleinkinder sind noch wenig sozial. Die Kleinen laufen umeinander, berühren sich, fassen sich an und geraten dabei in ein vergnügliches Schreien. Das Zusammensein allein ist der Hauptspaß. Gegenseitige Beziehungen sind kaum da. Erst wenn Kinder lange und oft genug zusammen sind, entwickelt sich ein sinnvolles Miteinander. Das Kind erlebt, daß man ebensoviel Spaß wie beim Allein-Spielen oder noch mehr haben kann, wenn man etwas *zusammen* tut. Es lernt, daß der Spielkamerad ihm helfen kann, es besser zu machen. Es übt spielerisch soziale Tugenden: wie man aufeinander eingeht und sich dabei einigt, wie man Regeln einhält, wie man sich selber und den anderen Schwächen zugesteht, wie man Widerstände überwindet, aber ebenso, wie man Rücksicht aufeinander nimmt.

Kinder spielen alles

Ein spielendes Kind enthüllt seine Seele. Was es weiß, was es kann und was es möchte, stellt es in seinem Spiel dar. Wenn man Kinder unauffällig beobachtet, ist man immer wieder erstaunt, wie sehr sie im Spiel ihr inneres Erleben zeigen. So spielen Kinder beinahe alles, was es gibt. Sie spielen Familie und Arzt, Schule und Hochzeit, Geburt und Tod. Sie spielen Hund und Katze, Verkehrsunfall und Krieg, bauen Häuser und Kirchen, malen Bäume und Autos, erleben Wut und Freude.

Martina (5) sieht, daß ihre Schwester Christa (13) einen Büstenhalter von der Mutter bekommen hat. Martina geht ins Spielzimmer, nimmt sich auf dem Weg dorthin ein Handtuch mit und steckt das zusammengerollte Tuch unter ihren Pullover. Sie möchte sein wie Mutter und Schwester. Norbert (6) schaut seiner kleinen Schwester zu und lacht. Martina sagt: *»Jetzt habe ich zwei Buckel wie Mami und Christa. Wann wachsen deine?«*
Norbert antwortet: *»Mutti hat mir gesagt, ich kriege keine Brust, weil ich ein Junge bin und ein Glied habe; und du bist blöd, denn dir wachsen auch erst welche, wenn du so groß bist und Mami werden kannst.«*
Martina holt den Puppenwagen aus der Ecke und fragt Norbert: *»Willst du Onkel Doktor sein? Mein Baby ist krank.«* Nach der »ärztlichen Beratung« schiebt Martina mit ihrem Puppenwagen weiter und läuft Christa in den Weg, sie zeigt stolz auf ihren ausgestopften Pullover und verkündet:
»Jetzt kann ich auch Mami sein.«
Christa sagt zu ihr: *»Du bist aber eine feine Puppenmami. Und wenn du so groß bist wie ich, dann wächst bei dir auch eine richtige Brust.«*
Martina fragt: *»Bekomme ich dann auch so was Schönes wie du dafür?«*
Christa: *»Dann schenke ich dir einen noch viel schöneren Büstenhalter.«*

Durch solche Rollenspiele, in denen die Beziehungen und Begegnungen der Erwachsenen nachgeahmt werden, übt das Kind eigene Verhaltensweisen ein. In diesen Spielen erlebt es die Welt der Erwachsenen als seine eigene und baut sich so sein Verständnis von der »Welt der Großen« auf. Spielend bereitet es sich auf den Ernstfall des Lebens vor.
Spielen hilft dem Kind auch, seelisches Gleichgewicht zu erlangen.

Es ist eine gesicherte Erkenntnis, daß Kinder im Spiel seelische Spannungen abbauen können, indem es ihnen Gelegenheit gibt zu überwinden, was sie bedrückt. Ein spielendes Kind heilt sich selbst. Und da nicht selten gerade auch im geschlechtlichen Bereich Schwierigkeiten auftauchen, kann das Spiel helfen, damit fertig zu werden.

Es sei ausdrücklich betont, daß das hier Gesagte nur für spontane Rollenspiele der Kinder aus eigenem Antrieb gilt. Ich halte es für gefährlich, wenn man Kinder im Rollenspiel Liebesszenen Erwachsener mimen läßt, wie man es vor einiger Zeit im Fernsehen beobachten konnte. Auch in Kindergärten und Schulen hat es solche verkrampften Versuche hier und dort gegeben. Die Intimsphäre des einzelnen, der Ehe und der Familie sollte in der Pädagogik stets bewahrt werden. Im übrigen hilft es dem Kind nicht, wenn Erwachsene mit ihren Vorstellungen in seine Welt eindringen und ihm Rollen aufzwingen, die es weder spielen will noch kann. Wo solches geschieht, kann man den Verdacht nicht loswerden, daß Erwachsene ihre eigenen Probleme auf die Kinder übertragen wollen.

Wie Hund und Katze

Geschwister verhalten sich beim Spielen oft wie »Hund und Katze«. Sie streiten sich den ganzen Tag, schlagen sich sogar mitunter. Dabei steht keiner dem anderen an Bosheit nach. Eltern wundern sich, daß sich die eigenen Kinder untereinander so oft und heftig zanken, dagegen viel friedlicher sind, wenn sie mit Nachbarskindern und Freunden spielen.

Der Grund ist: Mit Nachbarskindern stehen sie nicht in »Konkurrenz« um dieselben Eltern, um ihre Gunst und Liebe. Es besteht keine Veranlassung zur Eifersucht. Diese Eifersucht bewirkt aber, daß Geschwister sich gegenseitig manchmal »zum Teufel« wünschen. Sie sind eifersüchtig aufeinander, weil sie Vater und Mutter ganz für sich haben möchten. Diese Geschwister-Rivalität wird sich nie ganz aus der Welt schaffen lassen, wohl kann sie durch vernünftiges Verhalten der Eltern abgeschwächt werden.

Strafen sind meist sinnlos, da sie zu Hinterhältigkeiten führen. Das bestrafte Kind sieht sich nur in seiner Eifersucht bestätigt und fühlt sich unverstanden. Nicht selten »rächt« es sich später auf seine Weise an dem Bruder oder der Schwester. Besser entgegenwirken kann man, wenn man jedem Kind in gleichem Maße Liebe und Zuwendung zuteil werden läßt, auch wenn es vielleicht weniger hübsch, weniger begabt, weniger freundlich ist. Gerade dann braucht es Anerkennung, Beachtung und Liebe um so mehr.

Ein weiterer Rat ist, bei Ausflügen und Autotouren öfter einen Freund der Kinder mitzunehmen und in die Wohnung zum Spielen zu holen. Sie werden sehen, wie sehr sich dadurch die Spannungen unter den Geschwistern verringern. Das Zusammensein mit Freunden ist daher für jedes Kind ab drei Jahren ganz wichtig.

Ein Bruder ersetzt nicht den Freund

Bruder oder Schwester ersetzen niemals den Freund oder die Freundin. Das gilt auch in einer kinderreichen Familie. Mütter glauben manchmal, bei einer größeren Geschwisterzahl seien Freunde überflüssig. »Bring mir bloß nicht andauernd andere Kinder ins Haus. Wir sind selber gerade genug. Warum kannst du nicht mit Klaus und Petra spielen?« –

Sicherlich sind Mütter in kinderreichen Familien mehr als ausgelastet. Und es stimmt auch, daß ein Freundesbesuch zusätzliche Belastung mit sich bringt. Doch sollten wir bedenken, daß Geschwister auch aus anderen Gründen keine idealen Spielpartner sind. Der Altersunterschied zwischen ihnen ist oftmals zu groß. Aus verschiedenen Gründen liegen zwischen dem ersten und zweiten Kind manchmal fünf oder mehr Jahre. Bei einem solchen Altersunterschied gehen die Spielinteressen so weit auseinander, daß gemeinsames Spielen nicht leicht ist. Hinzu kommt das ungleiche Kräfteverhältnis: Das Miteinander-Spielen erschöpft sich dann darin, daß der oder die Ältere stets tonangebend ist und das jüngere Kind spielen muß, was befohlen wird. Daher sind besonders im Kindergartenalter ältere Geschwister ungeeignete Spielpartner. Sie lassen allzu deutlich ihre Überlegenheit auf allen Gebieten spüren, was zur Folge hat, daß der oder die »Kurze« in der Einübung der sozialen Spielregeln zu »kurz« kommt. Das so bedrängte jüngere Kind kann hilflos, gehemmt und schüchtern werden oder bockig und aggressiv, weil es sich anders nicht wehren kann.

Ein Kind lernt nur dann seine Kräfte richtig einzuschätzen, schneller und besser in die Gemeinschaft hineinzuwachsen, wenn es Spielgefährten gleichen Alters hat und viel mit ihnen zusammen ist, ohne ständige Aufsicht Erwachsener oder älterer Geschwister. Kinder müssen aus diesem Einflußbereich der Aufsicht, der Hilfe, des Beschütztwerdens, aber auch der Übermacht, der Kontrolle und des Zwanges heraus, wenn sie selbständig und mündig werden sollen.

Zu einer Familie gehören Geschwister

Die zahlreichen Auseinandersetzungen in einer Geschwisterschar bieten beinahe täglich soziale Lernmöglichkeiten, die Einzelkindern verlorengehen. Es wurde schon an anderer Stelle hervorgehoben, daß zu einer Familie neben einer Mutter und einem Vater auch der Bruder und die Schwester gehören. Geschwister sind der beste Garant, daß ein Kind nicht egoistisch und unkameradschaftlich wird. Hinzu kommt: Wenn ein Kind ohne Geschwister groß wird und nur mit Erwachsenen zusammen ist, dann wird es leicht das, was wir als »altklug« bezeichnen; es entwickelt eine Denk- und Verhaltensweise, die sich allzusehr nach den Maßstäben Erwachsener richtet.

Wie kompliziert die Situation bei Einzelkindern sein kann, geht aus wissenschaftlichen Untersuchungen hervor. So konnte der Psychologe Langmayr zeigen, daß Einzelkinder später als Eltern auffallend häufig verhaltensgestörte Kinder haben. Hier wird deutlich, wie Jahrzehnte zurückliegende Kindheitserfahrungen der Eltern als entscheidende Faktoren für die Ausbildung oder Vermeidung von Verhaltensstörungen auf die eigenen Kinder weiterwirken. Daß Einzelkinder auch selber belastet sein können, geht aus anderen Untersuchungen hervor. Professor Pechstein vom Kinderneurologischen Zentrum Mainz konnte nachweisen, daß in Deutschland die Zahl der Einzelkinder stark zunimmt, die wegen ausgesprochener Störungen behandelt werden müssen. Ist das auch eine Folge davon, daß gerade Mütter von Einzelkindern oft wieder berufstätig werden? Natürlich ist die große Kinderzahl allein kein Patentrezept dafür, daß Kinder gesund heranwachsen. Was aus einem Kind wird, hängt wesentlich davon ab, was seine Eltern aus ihm machen. Wenn Einzelkinder früh genug Zugang zu Freunden haben und diese häufig mit nach Hause bringen dürfen, vielleicht auch mal über einen längeren Zeitraum, so kann vielem entgegengewirkt werden. Dennoch bleibt bestehen, daß eine Familie mit mehreren Kindern im allgemeinen bessere Voraussetzungen bietet, daß Kinder gesund und ohne übergroße Belastungen aufwachsen.

Unter dem Aspekt der geschlechtlichen Erziehung ist sicherlich der Idealfall, wenn die Geschwister verschiedenen Geschlechtern angehören. So können sie im Bruder und in der Schwester das andere Geschlecht bereits in seiner frühesten Kindheit kennenlernen. Darüber hinaus wirkt sich die weitere Anwesenheit eines andersgeschlechtlichen Kindes auf das Verhältnis Vater – Mutter – Kind mit Sicherheit positiv aus. Das heißt: die Mutter verhält sich anders ihrer Tochter gegenüber, wenn noch ein Sohn da ist, der Vater anders dem Sohn gegenüber, wenn er noch eine Tochter hat. Auch die Vater-Tochter- und die Mutter-Sohn-Beziehung wird durch die Anwesenheit geschlechtsverschiedener Geschwister positiv beeinflußt.

Miteinander sprechen

Miteinander spielen heißt auch miteinander sprechen. Spiel und Sprache gehören eng zusammen, ja, Sprache wird nicht selten selber zum Spiel. Kinder erzählen gern und hören genauso gern, wenn andere etwas erzählen. Vor allem sprechen sie oft darüber, was sie beschäftigt, was sie innerlich bewegt. Sie möchten andern mitteilen, was sie schon wissen, aber auch ihr eigenes Wissen von andern bestätigt haben. So sprechen sie untereinander unbekümmert über alles, selbstverständlich auch über sexuelle Dinge. Dabei klären sie sich nicht selten gegenseitig auf. Dafür zwei Beispiele:

Matthias (5) und Klaus (4) bemerken beim Spielen, wie Jutta (5) auf der Wiese niederhockt, um Wasser zu lassen. Sie schauen dabei zu. Klaus sagt verwundert: »*Mensch, die Jutta hat noch gar kein Pipichen.*«
Matthias antwortet: »*Du bist doof. Jutta muß aus einem Loch Pipi machen. Die ist doch ein Mädchen. Mädchen haben doch kein Pipichen.*«

Thomas (6), Claudia (4) und Maria (3) spielen im Sandkasten. Eine Nachbarin, die ein Kind erwartet, kommt vorbei.
Thomas sagt: »*Frau Schmidt bekommt bald ein Baby.*«
Claudia fragt neugierig: »*Woher weißt du das?*«
Thomas: »*Hast du das nicht gesehen, sie hatte doch einen ganz dikken Bauch?*«
Maria: »*Die hat sicher zuviel gegessen.*«
Thomas: »*Ach, Quatsch, im Bauch, da ist das Baby drin. Wenn es groß genug für den Kinderwagen ist, holt der Arzt es raus.*«
Claudia: »*Platzt dann der Bauch von Tante Schmidt?*«
Thomas: »*Och, du, der platzt doch nicht. Das Baby kommt aus dem Loch raus zwischen den Beinen, wo auch Pipi rauskommt.*«
Claudia fragt: »*Woher weißt du das?*«
Thomas: »*Das hat Mutti mir gesagt.*«
Claudia: »*Das glaub' ich aber nicht.*«
Thomas: »*Dann frag doch deine Mutter. Wirst ja sehen. Das stimmt wirklich.*«

Die ungezwungene Art, mit der Kinder über diese Dinge sprechen, zeigt, daß Aufregungen und Ablenkungsmanöver überflüssig sind. Ja, es wäre töricht, Kinder aufzufordern ja nicht mit Nachbarskindern darüber zu sprechen, was sie in der Familie an geschlechtlichen Informationen gehört haben. Tun wir nicht in den anderen Bereichen des Lebens alles, um das Kind zu ermuntern, sein Wissen mitzuteilen, weil es nur so in der Welt bestehen kann? Warum hier diese Geheimniskrämerei? Vielleicht, weil es uns peinlich ist, mit weniger aufgeschlossenen Eltern darüber zu sprechen? Bietet sich hier doch oftmals ein guter Gesprächsanlaß, offen und vertrauensvoll das Wissen der Kinder zu ergänzen oder zu korrigieren. Deshalb sollten wir auch fremde Kinder nicht tadeln, wenn sie mit den eigenen über geschlechtliche Dinge reden.

Beate (5) und Monika (5) sind Freundinnen. Sie fahren ihre Puppen aus. Monika fragt Beate:
»Legst du heute abend auch Zucker auf die Fensterbank für den Klap-
perstorch? Dann bekommt ihr auch ein Baby.«
Beate ist höchst erstaunt über die Frage von Monika und will wissen:
»Was hat denn der Storch mit dem Baby zu tun?«
Monika: *»Der Storch bringt doch nachts die Babys ins Haus.«*
Beate antwortet: *»Meine Mutter hat mir aber gesagt, daß ich in ihrem Bauch gewachsen bin und dann geboren wurde. Das ist viel schöner als dein Storch.«*
Monika überlegt jetzt, ob wohl ihre Tante oder Beates Mutter recht hat und erzählt zu Hause beim Mittagessen von dem Gespräch mit ihrer Freundin. Mutter und Tante sind entsetzt. Die Mutter läuft sofort zur Nachbarin und stellt sie zur Rede wegen ihrer »verdorbenen« Tochter Beate, die nun auch ihr Kind »verdorben« habe. Beates Mutter wehrt sich gegen diese Unterstellung und erklärt, daß sie nur die Wahrheit gesagt habe und die Wahrheit niemanden verderben könne. Monikas Mutter bleibt bei der Auffassung, daß das Kind »das« jetzt noch nicht verstehe und ohne dieses »verfrühte« Wissen glücklicher sei. In Zukunft dürfen die Kinder nicht mehr miteinander spielen.

Wenn auch solche Reaktionen heute immer seltener werden, so können, besonders in ländlichen Gegenden, Auseinandersetzungen entstehen, die leider nicht zu verhindern sind, die uns jedoch von unserer Aufgabe nicht abhalten dürfen.
Auch wenn unser Töchterchen etwa ins Wohnzimmer platzt, wo gerade das Kaffeekränzchen der Mutter tagt, mit dem Ausruf: *»Mama,*

meine Scheide juckt!«, dann mag das zwar verdutzte Gesichter geben, bietet jedoch auch eine gute Gelegenheit, ein klärendes Gespräch über geschlechtliche Fragen in Gang zu bringen.

Es kann auch zu Zwischenfällen innerhalb der Familie kommen, wenn etwa die Schwiegermutter mit im Hause wohnt. So sagte eine ältere Frau zu ihrer Schwiegertochter, die sich in Gegenwart des kleinen Kindes an- und auskleidete:»Genügt es nicht, wenn die ›Schweinereien‹ in den Illustrierten stehen, jetzt machst du solche Sachen auch noch in der Familie? Du wirst schon sehen, wie weit du damit kommst.«

Wir dürfen nicht vergessen, daß sich gerade auf diesem Gebiet sehr viel in der Erziehung gewandelt hat und wir der älteren Generation gegenüber Verständnis aufbringen müssen. Vielleicht sollten wir in solchen Fällen im Beisein der Großmutter etwas zurückhaltend sein. Bei Auseinandersetzungen werden wir unseren Standpunkt in aller Ruhe darlegen, vielleicht auch der Oma dieses Buch zu lesen geben. Bei aller Rücksichtnahme ist jedoch klarzustellen, daß die Erziehung in erster Linie Aufgabe der Eltern ist und nicht der Großeltern.

Der »Kinderfreund«

Ein Thema, über das man mit Kindern sprechen muß, ist das der »Kinderfreunde«. Einerseits spricht man heute in der Öffentlichkeit sehr zurückhaltend über sexuelle Perversionen, ja tut so, als ob es sie nicht gäbe. Andererseits haben Sexualdelikte an Kindern in den letzten Jahren die Öffentlichkeit in zunehmendem Maße beunruhigt.

Es ist daher eine wichtige Aufgabe der geschlechtlichen Erziehung, Kinder vor Menschen zu schützen, die sie sexuell verführen wollen. Um das tun zu können, kommen wir nicht umhin, sie rechtzeitig darauf vorzubereiten, daß es solche sexuellen Abwegigkeiten gibt. Denn aus den Untersuchungen wissen wir, daß Kinder oftmals aus Unwissenheit Opfer von Sexualdelikten werden. Die sexuelle Neugier ist nicht selten ein Motiv, sich etwas »zeigen« zu lassen.

In vielen Fällen handelt es sich bei den Tätern nämlich um Exhibitionisten, das heißt Menschen mit der krankhaften Neigung, ihre Geschlechtsorgane in der Öffentlichkeit zu entblößen. Die Erfahrung hat gezeigt, daß der beste Schutz vor Exhibitionisten eine umfassende geschlechtliche Aufklärung ist. Wenn z.B. ein Junge weiß, daß er später auch ein »großes Glied mit Haaren rundherum« bekommt und es vielleicht bei seinem Vater schon einmal gesehen hat, ist er nicht darauf angewiesen, sich einen Exhibitionisten neugierig anzuschauen. Er wird sich in der Regel schnell entfernen und zu Hause über sein Erlebnis berichten.

Weitaus schlimmer als Exhibitionisten sind Täter, die unzüchtige Handlungen an Kindern vornehmen. Vor ihnen müssen wir unsere Kinder besonders schützen.

Dazu ist es erforderlich, auch einem kleineren Kind schon zu sagen, woran man einen Sittlichkeitsstraftäter erkennen kann. Es genügt keinesfalls, vor dem »bösen Onkel« zu warnen. Abgesehen davon, daß der »böse Onkel« ihm häufig als ein »lieber Onkel« begegnet, als ein ausgesprochener »Kinderfreund«, der ihm viel »Zeit«, »Verständnis« und »Zuneigung« entgegenbringt, kann sich ein Kind unter dem abstrakten Begriff »er will etwas Böses mit dir tun« nichts Konkretes vorstellen. Für die meisten Kinder ist z. B. Naschen genauso »böse« wie mutwillig etwas »kaputtmachen« o.a. Dem Kind muß also deutlich gesagt werden: *»Es gibt kranke Männer, die mit freundlichen Worten Kinder an sich locken, um sie auszuziehen und sich ihre Spalte (ihr Glied) anzusehen, sie anzufassen und ihnen weh zu tun.«* Jede weiterführende Darstellung unterbleibt in diesem Alter.

Wie können wir unsere Kinder schützen?

Ein wirksamer Schutz ist am ehesten gewährleistet, wenn bestimmte Verhaltensweisen von den Eltern beachtet und den Kindern eingeprägt werden:

● Kinder lernen, daß sexuelle Beziehungen zwischen Erwachsenen und Kindern verboten sind, weil sie den Kindern Schmerzen zufügen und ihnen schaden. Eltern lassen sich von den Kindern nicht spielerisch an den Geschlechtsteilen berühren; so erfahren Kinder: Dieser Bereich ist kein Kontaktbereich zwischen Erwachsenen und Kindern.

● Kindern wird ausdrücklich verboten, mit anderen von zu Hause wegzugehen oder ins Auto zu steigen. Das gilt nicht nur bei fremden Menschen. Auch wenn bekannte Personen und Freunde das Kind mitnehmen wollen, muß es stets die Eltern um Erlaubnis fragen. Wir sagen ihnen deshalb: *»Ohne daß Papa oder Mama davon wissen, darfst du mit keinem Menschen mitgehen.«*

● Kinder müssen wissen: *»Du läßt dich von keinem Kind oder Erwachsenen ausziehen und an das Geschlechtsteil fassen. Wenn einer versucht, dir an den Hosenschlitz oder an das Höschen zu greifen, läufst du so schnell wie möglich weg, nach Hause, ins nächste Geschäft, überallhin, wo viele Menschen sind.«*

● Kinder wissen, daß sie immer den Eltern Bescheid sagen, wenn ein Erwachsener sie am Geschlechtsteil berühren wollte oder berührt hat. Wenn zwischen Eltern und Kindern Vertrauen besteht und Kinder wissen, daß sie über alle Vorkommnisse mit den Eltern sprechen können, ohne daß sie bestraft werden, werden sie von sich aus berichten.

Diese Grundregeln sollten unumstößlich gelten. Deshalb wiederholen wir sie in Abständen. Besonders auch, wenn unsere Kinder verreisen, ins Kinderheim kommen oder sonst längere Zeit von zu Hause weg sind. Sie müssen ebenso selbstverständlich sein, wie nach links und rechts zu schauen, ehe wir die Fahrbahn überqueren. Ist Eltern der Fall eines Sittlichkeitsdeliktes durch ihre Kinder bekannt geworden, so sollten sie nicht aus »falscher Scham« schweigen, sondern die Polizei einschalten. Ob allerdings das Kind einem Verhör unterzogen werden soll, hängt mit davon ab, wie konkret die Hinweise und ob hinreichende Beweise vorhanden sind, die die Überprüfung eines Täters wahrscheinlich machen. Sonst stehen die

Beunruhigung und der mögliche seelische Schock des Kindes in keinem Verhältnis zu dem Ergebnis. In einem solchen Fall wäre es besser, die Polizei ohne Einbeziehung des Kindes zu informieren. Schließlich können Erzieher die ihnen anvertrauten Kinder nur schützen, wenn sie wieder lernen, sexuelle Perversionen als solche zu benennen. Wer daran zweifelt, daß der sexuelle Mißbrauch von Kindern diesen überhaupt schadet, wer überdies sich für sexuelle Kontakte zwischen Kindern und Erwachsenen ausspricht, der kann Kinder nicht vor körperlichem und seelischem Leid bewahren. Abgesehen von dieser wichtigen Pflicht sollten Eltern sich bewußtmachen, daß die Mehrzahl der Sexuell-Perversen kranke Menschen sind und keine Verbrecher. Ihnen kann in einer Klinik besser geholfen werden als in einem Gefängnis.

Der Kindergarten

Zahlreiche Kinder besuchen vom vierten Lebensjahr an den Kindergarten. Dort begegnen sich Kinder aus den verschiedensten sozialen Schichten. Einzelkinder treffen mit dem Nachwuchs aus großen Familien zusammen. Verschieden begabt und entwickelt, ist das Bild einer solchen Gruppe bunt gemischt. Die Erziehungsmethoden der Eltern reichen über eine breite Skala von Verwöhnung und Gewährenlassen bis zur strengen Gehorsamsdressur. Intakte und gestörte Ehen, Anhänger der Freikörperkultur bis hin zu Vertretern puritanischer Prüderie bilden den soziologischen Hintergrund. Einige Kinder glauben an den Klapperstorch, einige wissen, »woher die Kinder kommen«, wieder andere sind mehr als aufgeklärt.
So bleibt es nicht aus, daß die Kinder Tag für Tag untereinander ihr Wissen austauschen und ständig konfrontiert werden mit Altersgenossen, die anders denken, anders sprechen, anders handeln als sie selber. Diese Auseinandersetzung mit Andersdenkenden dient dem Kennenlernen der Menschen und der Umwelt und hilft beim Aufbau des kindlichen Weltverständnisses.
Anders sieht die Sache aus, wenn die Bezugspersonen des Kindes verschieden denken und handeln. Das Kind lernt Verhaltensweisen

kennen, mit denen es sich identifizieren, das heißt, die es nachahmen kann. Sind diese »Lernmodelle« widersprüchlich, so wird dem Kind ein widersprüchliches Bild vom Menschen und von der Welt vermittelt. Da Kinder in diesem Alter verschiedene Lebensauffassungen noch nicht miteinander vergleichen und verarbeiten können, stellen sich widersprechende Erzieher eine ernsthafte Gefährdung für sie dar. Ein Kind, das in zwei verschiedenen Erziehungsfeldern aufwächst, verliert den notwendigen Halt, fühlt sich unsicher und hilflos. Deshalb darf es uns nicht gleichgültig sein, welche Erzieher unseren Kindern im Kindergarten begegnen. Wir sollten uns fragen: Stimmen die Wertvorstellungen von Ehe und Familie, von Kirche und Gesellschaft, die im Kindergarten vermittelt werden, mit unseren Auffassungen überein? Wir sollten uns informieren, welches Erziehungsprogramm der Kindergarten hat, in den wir unser Kind bringen wollen. Wir müssen wissen, wie die Erziehungspraxis aussieht und welche pädagogische Theorie sich dahinter verbirgt.

Eltern können es beispielsweise nicht hinnehmen, daß im Kindergarten die Kinder sich voreinander ausziehen, wenn ihre Kinder zu Hause gelernt haben, daß man sich nur im Familienkreis entkleidet. Sie können es nicht dulden, daß im Kindergarten geschlechtliche Spielereien der Kinder untereinander gebilligt oder gar gefördert werden, wenn die eigenen Kinder zu Hause gelernt haben, daß kein anderer die eigenen Geschlechtsorgane anfaßt, weil sie empfindlich sind und verletzt werden können. Schließlich kann es nicht angehen, daß im Kindergarten in Rollenspielen »Solidarität« gegen die Eltern eintrainiert wird, während zu Hause ein Vertrauensverhältnis zwischen Eltern und Kindern aufgebaut worden ist.

Bestehen zwischen den Erziehungsfeldern Elternhaus–Kindergarten starke Widersprüche, so dürfen wir unser Kind diesem Konflikt nicht aussetzen, wenn wir nicht Gefahr laufen wollen, ihm seine existentielle Sicherheit zu nehmen und sein Vertrauen in die Welt zu erschüttern. Bis vor einigen Jahren war es nicht möglich, einen Kindergarten nach Wunsch auszuwählen. Man mußte froh sein, wenn das Kind überhaupt einen Platz bekam. Doch heute, wo Kindergartenplätze in ausreichender Zahl zur Verfügung stehen, sollten wir die Kindergärten der Umgebung kritisch betrachten und unter dem Angebot auswählen, auch wenn wir eine größere Entfernung in Kauf nehmen müssen. Oft werden die Unterschiede in den Auffassungen jedoch nicht gravierend sein.

In den meisten Bundesländern besteht die rechtliche Möglichkeit der Mitbestimmung im Kindergarten, die wir voll ausnutzen sollten. Sie gibt engagierten Eltern die Handhabe, in Elternbeiräten Einfluß auf die Praxis zu nehmen und entscheidend mitzuwirken. Elternversammlungen sind geeignet, mit den Kindergärtnerinnen gemeinsam konkrete Fragen der Erziehung zu diskutieren, eigene Gesichtspunkte und Grundsätze zu formulieren und daraus Konsequenzen zu ziehen. Dazu zählt auch der Bereich der geschlechtlichen Erziehung.

Zusammenarbeit von Eltern und Erziehern

Fragen und Möglichkeiten auf diesem Gebiet ergeben sich wie von selbst in den täglichen Begegnungen und Situationen, besonders durch den gefühlsmäßigen Kontakt zwischen Kind und Erzieherin. An einigen Beispielen soll aufgezeigt werden, wie Eltern und Erzieher sinnvoll zusammenarbeiten können.

Die Kindergärtnerin ist im allgemeinen die erste Vertrauensperson außerhalb des Elternhauses. Es bleibt also nicht aus, daß das Kind Fragen stellt, die es beschäftigen, natürlich auch auf dem Gebiet des Sexuellen. Grundsätzlich gilt für die Erzieherin im Kindergarten, auf jede Frage eine wahrheitsgemäße Antwort zu geben, die klar und kindgemäß sein sollte. Genau wie die Mutter zu Hause wird die Kindergärtnerin Fragen der Kinder nach Schwangerschaft und Geburt selbstverständlich und ohne viel Aufhebens beantworten. Wenn ein Kind zu einem Zeitpunkt fragt, wenn keine anderen Spielgefährten in Hörweite sind, bekommt es eine persönliche Antwort, fragt es in der Gruppe, wird für alle verständlich geantwortet. Es ist nicht einzusehen, warum ein Kind beiseite genommen werden sollte. Bei der Beantwortung von Fragen aus anderen Gebieten gibt es auch keine Geheimniskrämerei.

Informierende Gruppengespräche als Beitrag zur Geschlechtserziehung ergeben sich für den Kindergarten nicht selten: Immer wieder berichten Kinder von der Geburt eines Geschwisterchens. Hat das Kind zu Hause die Wahrheit über seine Herkunft erfahren, braucht die Kindergärtnerin nur die Freude des Kindes zu bestätigen. Inwieweit in einer solchen Situation Einzelheiten gesagt werden, hängt von der Reaktion der Kinder ab. Äußerungen von Kindern, die man zu Hause mit einem Märchen abgespeist hat, werden nicht »überhört« oder »umgangen«, sondern sachlich und ruhig richtiggestellt. Dem einzelnen Kind und auch der ganzen Gruppe wird die Wahrheit gesagt. Dabei sollte auf jeden Fall vermieden werden, negative Äußerungen über die Eltern zu machen. Die Kindergärtnerin hat nur die Möglichkeit, behutsam zu sagen, daß Vater und Mutter sicher noch nicht gewußt haben, wie groß und tüchtig ihr Sohn oder ihre Tochter schon ist. Sie glaubten vielleicht, ihr Kind könnte das noch nicht verstehen. Ratsam ist in solchen Fällen, den nächsten Elternabend bzw. Mütternachmittag unter das Thema »Mutter erzählt mir alles« zu stellen. Vielleicht läßt sich ein sachkundiger Referent finden, oder die Kindergärtnerin übernimmt das Referat selbst. Wichtig ist, mit den Eltern ins Gespräch zu kommen, vielleicht auch ein entsprechendes Buch zu empfehlen.

Abgesehen von der allgemeinen Aussprache muß die Kindergärtnerin das Einzelgespräch mit der Mutter des nicht richtig informierten Kindes herbeiführen und ihr Hilfen anbieten.

Neben den »natürlichen« Anknüpfungspunkten für ein Gespräch mit den Kindern ergeben sich häufig Sondersituationen.
Renate (4) und Bernd (4) gingen »außer der Reihe« unabhängig voneinander zur Toilette. Renate war etwas früher fertig und sah, daß Bernd noch seine Hose offen hatte und das Glied herausschaute. Sie ging hin, befühlte es und ging zurück in die Gruppe. Bernd ging ebenfalls in sein Gruppenzimmer zurück und berichtete seinem »Fräulein«, daß die Renate ihn »da unten angepackt« habe. Renate wird herbeigerufen und bestätigt das. Die Kindergärtnerin straft Renate nicht etwa, sondern fragt sie in aller Ruhe, warum sie das ge-

tan habe. Renate berichtet, daß ihre Mutter ihr erzählt habe, daß Jungen »doch Pipi aus dem Glied machen«, sie aber bisher noch keines gesehen habe. Bernd erfährt von der Kindergärtnerin bei dieser Gelegenheit etwas über den Körperbau des Mädchens.

Dabei sollte nicht übersehen werden, daß es zweckmäßig ist, vor dem Heimweg der Kinder ein Gespräch mit der Mutter zu führen, in dem die Kindergärtnerin den Sachverhalt schildert; denn Bernd wird wahrscheinlich zu Hause auch davon berichten. Die Mutter wird darüber informiert, daß Bernd der Unterschied zwischen Jungen und Mädchen erklärt wurde, den dieser offensichtlich nicht wußte. Sie wird ermuntert, weitere Fragen ihres Sohnes zu beachten und wahrheitsgetreu zu beantworten.

Vielleicht wird an einem Elternabend besprochen, daß die Kindergärtnerin gegen Ende der Kindergartenzeit in einem Gruppengespräch eine klärende Zusammenfassung mit den Kindern erarbeitet. Wie das geschehen soll, wird mit den Eltern überlegt. Dazu gehört auch, daß eventuell dabei zu benutzendes Bildmaterial den Eltern vorher gezeigt wird. Geschieht das nicht, so sollten Eltern sich nicht scheuen, das von der Kindergärtnerin zu verlangen. Denn eine positive Zusammenarbeit setzt eine umfassende Information voraus.

Die Wichtigkeit einer solchen Zusammenarbeit zwischen Elternhaus und Kindergarten wird deutlich, wenn man sich vor Augen führt, wie entscheidend gerade die ersten Lebensjahre sind: Alle Erziehung erfährt im Kleinkindalter ihre grundlegende Ausrichtung. Das gilt auch für die geschlechtliche Erziehung. Die Haltung des Menschen zu seiner eigenen Geschlechtlichkeit und der des andern wird wesentlich in den ersten acht Lebensjahren geprägt.

Daß dem Elternhaus bei dieser gemeinsamen Aufgabe der absolute Vorrang gebührt, kann von niemandem bestritten werden. So heißt es im Artikel VI unseres Grundgesetzes auch: »Pflege und Erziehung der Kinder sind das natürliche Recht der Eltern und die zuvörderst ihnen obliegende Pflicht.« Die Aufgabe des Kindergartens ist und bleibt eine subsidiäre: Ergänzung und Unterstützung des Elternhauses zu sein. Deshalb dürfen Eltern von den Erzieherinnen, denen sie ihre Kinder über einen langen Zeitraum anvertrauen, er-

warten, daß sie sich in ihrem erzieherischen Tun nicht gegen die Anliegen des Elternhauses stellen. Umgekehrt sollte der Kindergarten
auf die unterstützende Mithilfe des Elternhauses rechnen dürfen.
Erziehung ist nicht teilbar. Nur durch gemeinsam aufeinander ab-
gestimmte Erziehungsziele und -wege können wir den Kindern jene
Sicherheit und Geborgenheit vermitteln, die sie heute so dringend
benötigen.

Ohne Familie keine Zukunft

Anliegen dieses Buches ist es zu zeigen, warum das Elternhaus der richtige Ort für eine umfassende geschlechtliche Erziehung ist. Wenn Geschlechtserziehung nämlich Gesinnungsbildung, wenn sie weniger »Aufklärung« als vielmehr »Geleit« sein soll (Gerhard Pfahler), dann ist das Vorbild entscheidender als alle Worte. Sittliche Haltung wächst aus persönlicher Begegnung, aus täglichem, sinngebendem Beispiel. Für das Kind ist die Familie, sind die elterlichen vier Wände der Ort der Geborgenheit, des Schutzes, der Zuflucht vor den Ängsten der Welt. Hier erfährt es seine ersten entscheidenden zwischenmenschlichen Kontakte, lernt Nehmen und Geben, Gelten und Geltenlassen, Lieben und Geliebtwerden. Hier erlebt es Urgeborgenheit in einer elementaren Gruppe, in der man einander kennt und sich nichts vorzumachen braucht. Personen und Dinge sind ihm vertraut wie sonst nie mehr in seinem Leben. Es lernt in dieser Intimgruppe, wie man sich den andern gegenüber durchsetzt, aber auch, wie man um der Gruppenansprüche willen auf die Durchsetzung der eigenen Wünsche verzichtet. Den Eltern kommt dabei eine Schlüsselstellung zu: Wie sie miteinander und mit ihren Kindern umgehen, ist entscheidend für den Aufbau der sozialen Bindungen. *Ihr* Verhalten wird vom Kind nachgeahmt, *ihre* Wertmaßstäbe werden übernommen, von *ihnen* wird es in seinen Wünschen korrigiert.

Erst später erweitern sich die Kontakte nach außen. Das Kind vergleicht das Leben in der eigenen Familie mit dem anderer Familien. Das gilt in besonderer Weise für seine geschlechtlichen Erfahrungen. Dieser Vergleich mit andern, diese Überprüfung des in der Familie Gelernten an und mit der übrigen Welt ist die erste Realitätsprüfung, die es bestehen muß. Hier liegt die große Aufgabe der Familie: das Kind in seinen Wertvorstellungen so ichstark zu machen, daß es bestehen kann.

● Damit die kommende Generation die auf sie zukommenden Schwierigkeiten meistern kann, muß sie innerlich gefestigt sein. Sie benötigt ein hohes Maß an Selbstvertrauen und Durchhaltevermögen, an Lebensbejahung und Zukunftshoffnung. Keine andere Institution als die Familie kann dieses charakterliche Fundament legen.

Die Familie ist in Gefahr

Um diese Familie jedoch steht es nicht gerade gut in unserm Land. Das beginnt mit der finanziellen Situation. Sie hat sich seit den sechziger Jahren ständig verschlechtert. Nahezu alles wurde den davonlaufenden Kosten ständig angepaßt, nur das Kindergeld blieb von 1961 – 1975 auf demselben Niveau. Im gewaltigen Potential der Sozialleistungen beträgt es kaum 5 Prozent. Während zum Beispiel Frankreich in den letzten Jahren das Kindergeld, besonders für das zweite, dritte und jedes weitere Kind, ständig erhöht hat, sind wir so kurzsichtig, im Rahmen der staatlichen Sparmaßnahmen der jüngsten Zeit ausgerechnet beim Kindergeld Abstriche zu machen. In Europa liegen wir jetzt fast am Ende der Skala. Und das bei einer Kinderzahl, die weitaus niedriger ist als in Frankreich, also den Staat bei weitem nicht so belastet wie dort. So wurde die althergebrachte Mehrkinderfamilie mit dem Vater als Alleinverdiener von der kleinen Familie mit ein oder höchstens zwei Kindern und doppelverdienenden Eltern wirtschaftlich weit überholt.

Doch nicht nur aus wirtschaftlichen Gründen drängten die Frauen zunehmend in die Berufe. Im Gefolge verschiedener »emanzipatorischer« Strömungen, wozu ich neben der »Frauenbewegung« vor allem die philosophischen und pädagogischen Ideen der »Frankfurter Schule« zähle, verbreitete sich ein allgemeines Mißtrauen gegenüber der Familie. Diese traditionelle Form menschlichen Zusammenlebens schien für den heutigen Menschen unbrauchbar geworden, da sie seinem Recht auf volle Selbstentfaltung und Selbstverwirklichung im Wege stände. Das gelte in erster Linie für die Frau. Ihre Rolle als Ehegattin und Mutter wurde als Hindernis gesehen, frei zu sein. Erst durch die Berufstätigkeit erreiche die Frau die Unabhängigkeit, die es ihr ermögliche, sich selber zu verwirklichen. Ähnliches gelte für die Kinder. Die Familie schränke ihre Selbstentfaltung zu sehr ein und sei ein Hindernis, frei, unabhängig und glücklich zu werden.

So kam es zu den verschiedensten Versuchen, die Familie durch andere Formen des Zusammenlebens zu ersetzen, angefangen von der »Ehe ohne Trauschein« über die »Kommunen« bis hin zu jenen extremen »Kommunikationsmodellen«, für die der Ashram des Guru Baghwan in der indischen Stadt Poona als Beispiel stehen soll. Inzwischen dürfen alle diese Versuche als mißglückt gelten. Es kam nicht zum Tod der Familie, wie ihn die sechziger Jahre prophezeit hatten. Wohl aber wurde sie sozial und moralisch nachhaltig geschwächt.

Hinzu kommt, daß die Gesetzgebung der letzten zehn Jahre massiv in die Familie hineinregiert hat – und keineswegs zu ihrem Besten. Durch eine verfehlte Familienpolitik wurde die Familie, anstatt vom Staat geschützt, wie es das Grundgesetz verlangt, erheblich in ihren

Rechten beschnitten. In der Reform des Scheidungsrechts, in der Neufassung des Paragraphen 218 und vor allem im Kampf um das elterliche Sorgerecht wird ein grundsätzliches Mißtrauen gegenüber der Familie sichtbar. Als Begründung für diese familienpolitischen »Reformen« dient oft genug der geschilderte Argwohn gegen die Familie, das heißt, die »Machtübernahme« in Sachen Erziehung durch den Staat wird als notwendige Reaktion auf deren Versagen gedeutet. Daß die emanzipatorische Bewegung bis in den verwendeten Wortschatz hinein rechtspolitisch wirksam wurde, zeigt sich in der bis heute nicht zurückgenommenen Formulierung im Zweiten Familienbericht der Bundesregierung, es gelte »elterliche Fremdbestimmung« abzubauen zugunsten der Selbstverwirklichung der Kinder.

Nehmen wir zu alldem noch die Auflösungserscheinungen der Familie hinzu, die ich an anderer Stelle im einzelnen geschildert habe (siehe S. 45 und 52), so ist es nicht übertrieben zu sagen, daß die Familie in der Bundesrepublik Deutschland in eine »Zerreißprobe der Gesellschaft« geraten ist, wie es die bekannte Psychagogin Christa Meves in ihrem gleichnamigen Buch ausführt: »Die Familie ist am Rande dessen, was für sie ertragbar ist. Sie bedarf einer zentralen Beachtung und besonderen Pflege durch alle gesellschaftlichen Instanzen.«

Gemeinsam die Familie retten

Zunächst müssen wir in der Öffentlichkeit, vor allem auch in den Massenmedien, die Vorurteile vom Verfall der Familie korrigieren. War die Frau wirklich das Hausmütterchen, als das sie allzuoft hingestellt wurde? War ihre Rolle in der Familie nicht stärker und glücklicher, als die »Reformer« annahmen? Kann Freiheit, zum obersten Prinzip erklärt, nicht auch getarnte rücksichtslose Durchsetzung der eigenen Ansprüche sein? Und beweist die jüngste Zeit nicht, daß die Familie eine enorme innere Kraft gegen alle Zersetzungsversuche besitzt? War sie nicht zu allen Zeiten stabiler und lebendiger, als viele meinten?

Es gilt, vor allem der jungen Generation die Bedeutung der Familie für ein humanes menschliches Leben bewußtzumachen. Die Erfahrung aus Geschichte und Wissenschaft lehrt, daß die Menschen immer in geordneten Verhältnissen miteinander gelebt haben. Zu keiner Zeit war ihr Zusammenleben von Chaos gekennzeichnet. In Jahrtausenden hat sich die Familie als die beste ordnende Kraft bewährt. Solange Menschen existieren, ist sie darum die wichtigste Einrichtung für ihr Wohlbefinden. Es gibt keine Alternative zur Familie und ohne Familie keine Zukunft für den Menschen. Deshalb muß die Elternschaft mehr denn je als bewußte Aufgabe, als »Beruf« angesehen werden, auf den man sich vorbereiten muß. Manche Fragen, die sich dabei für Heiratswillige und junge Ehepaare stellen, zeigt dieses Buch auf. Darüber hinaus will es deutlich machen, daß wir mit der Vorbereitung auf Ehe und Elternschaft viel früher beginnen müssen, eigentlich schon »vom ersten Tag an«. Geschlechtliche Erziehung, wie ich sie verstehe, muß zum Ziel haben, Kinder im Gefühlsbereich so sicher auszustatten, daß sie gern leben und die Zukunft wagen. Das bedeutet, daß sie bereit sind, sich dauerhaft und ohne Vorbehalte und Einschränkung an einen Partner zu binden und den Wunsch haben, ihrerseits wieder mehr Kindern das Leben zu schenken. Unsere Jugend muß erkennen, daß der Bestand unseres Volkes in Gefahr ist, wenn es nicht gelingt, die Kräfte der Familie zu regenerieren und die Kinderzahl zu erhöhen.

Die Jugend müßte in den Schulen stärker auf diese Aufgabe vorbereitet und ihr begreiflich gemacht werden, wie dringend unsere Gesellschaft sie als zukünftige Familienmütter und -väter braucht. Damit erweitert sich der Auftrag der Schule erheblich über die biologische Information hinaus. Er wird zur Lebenshilfe. Die Eltern erwarten, daß dieser Erziehungsauftrag nicht *gegen* sie, sondern *mit* ihnen geschieht. Das ist in der Schulwirklichkeit nicht in jedem Fall gegeben.

Solange die Schule lediglich im Biologieunterricht sexuelles Wissen vermittelte, genügte es, im häuslichen Gespräch das in der Schule Gelernte zu vertiefen. Doch seit sie mit der Sexualerziehung einen eigenständigen, durch Richtlinien und Erlasse dokumentierten Erziehungsanspruch stellt, der auf Veränderung von Einstellungen im

sittlichen Bereich abzielt, ist nicht auszuschließen, daß Verhaltens-
normen, die das Elternhaus gesetzt hat, von der Schule in Frage gestellt werden. Denn die Lehrer spiegeln in ihren Wertvorstellungen
und moralischen Auffassungen das gleiche breite Spektrum wider
wie unsere pluralistische Gesellschaft.

Anders als beim Kindergarten können wir uns in den meisten Fällen
die Schule nicht aussuchen, in die unsere Kinder gehen. So bleibt nur
zu versuchen – wie im Kapitel »Der Kindergarten« bereits beschrieben (s. S. 143 ff.) –, über die Elternmitwirkungsgremien Einfluß
auf die Inhalte und Methoden der schulischen Bildungsarbeit zu
nehmen. Die Möglichkeiten sind zwar eingeschränkt, doch läßt sich
bei genügend Initiative einiges erreichen. Zunächst einmal sind in
den meisten Bundesländern die Lehrer verpflichtet, die Inhalte und
verwendeten Anschauungsmittel des sexualkundlichen Unterrichts
den Eltern zu Beginn des jeweiligen Schuljahres genau bekanntzu-
geben. Fragen Sie auf der ersten Elternversammlung danach, welche Themen in diesem Jahr anstehen, und bitten Sie um nähere Information. Vielleicht wird dazu sogar ein spezieller Elternabend
angesetzt. Sollten Sie durch Gespräche mit Ihren Kindern oder
durch andere Eltern erfahren, daß ein Lehrer sittliche Normen in
Frage stellt oder die Schüler systematisch gegen das Elternhaus er-
zieht, so drängen Sie auf ein klärendes Gespräch, evtl. auch mit dem
Schulleiter oder der Schulbehörde.

Noch wichtiger, als für die Rechte und Auffassungen der Familie
einzustehen, scheint mir zu sein, die moralische Position unserer
Kinder durch überzeugende Wertordnungen zu stärken. Dann können sie das in der Schule vermittelte Wissen an einer verbindlichen
Wertskala messen und entsprechend einordnen. Wenn wir darüber
hinaus das Familiengespräch pflegen über alle anstehenden Fragen, dann wird es leichter gelingen, Konflikte zu bewältigen.

Das gemeinsame Tischgespräch von Eltern und Kindern halte ich
für überaus wichtig. Wir müssen wieder mehr miteinander sprechen
und in Offenheit diskutieren. Dabei sollten auch die Kinder frei und
ohne Angst vor Strafe ihre Meinung äußern dürfen. Eltern sollten
auf die Kinder hören und Kinder auf die Eltern. Haben Kinder in
der Familie gelernt, frei ihre Meinung zu sagen und zu begründen,

dann werden sie es auch außerhalb tun, etwa in der Schule oder in der Jugendgruppe. Wir müssen sie dazu befähigen, nicht alles an sie Herangetragene kritiklos zu übernehmen, sondern Stellung zu beziehen und notfalls korrigierend einzugreifen. Je deutlicher Eltern ihre erzieherische und moralische Aufgabe ihren Kindern gegenüber erfüllen, desto mehr tragen sie zur Regeneration der Familie bei.

Die Familie in gemeinsamer Anstrengung zu retten ist das Gebot der Stunde. Alle Institutionen und gesellschaftlichen Kräfte müssen daran mitwirken. Vor allen Dingen ist der Staat aufgerufen, die Familie zu schützen und zu stützen. »Denn unsere Gesellschaft mag vielleicht Zukunft haben, wenn sie einen mäßigen Wirtschaftsminister hätte, aber ohne eine hinreichende Zahl seelisch gesunder Familien mit einer hinreichenden Zahl fröhlicher, selbstbewußter, von den Männern und Vätern gut getragener Familienmütter, die auf dem Posten stehen, haben wir nicht die geringste Chance zu überleben . . . Es geht um Sein oder Nichtsein in unserer Gesellschaft, und in diesem Boot sitzen wir alle gemeinsam« (Christa Meves).

Literaturhinweise

Bittner, Günther, Emotionale Aspekte der geschlechtlichen Erziehung, in: Für eine Revision der Sexualpädagogik, München 1968.

Bittner, G./Rehm, W., Psychoanalyse und Erziehung, Bern–Stuttgart 1964.

Bittner, G./Schmid-Cords, E. (Hrsg.), Erziehung in früher Kindheit, München 1970.

Brauer, J./Kapitzke, G./Wrage, K. H., Junge, Mädchen, Mann und Frau, Gütersloh 1969.

Brocher, Tobias, Psychosexuelle Grundlagen der Entwicklung, Opladen 1971.

Freud, Anna, Wege und Irrwege in der Kinderentwicklung, Stuttgart 1968.

Dies., Einführung in die Psychoanalyse für Pädagogen, Bern–Stuttgart 1956.

Freud, Sigmund, Gesammelte Werke, Bd. V und VII, Frankfurt/M. 1972.

Gebhardt, Gusti, Nach der sexuellen Revolution, Frankfurt/M. 1975.

Hassenstein, Bernhard, Verhaltensbiologie des Kindes, München 1973.

Hellbrügge, Theodor, Das sollten Eltern heute wissen, München o.J.

Hunger, Heinz, Kinder fragen – Eltern antworten, Gütersloh 1973.

Langmayr, Arnold, Die Berufstätigkeit von Müttern verhaltensgestörter Kinder, Göttingen 1976.

Kloehn, Ekkehard, Verhaltensstörungen, München 1977.

Kloehn, E./Stohecker, Fr., Zum Versagen erzogen, Manuskript zum Fernsehfilm, NDR III, 30. 9. 1976.

Lepp, Ignace, Hygiene der Seele, Freiburg/Br. 1967.

Maier, Hans, Streiflichter zur Zeit, Freiburg/Br. 1980.

Meves, Christa, Familie in der Zerreißprobe der Gesellschaft, Köln 1980.

Nilsson, Lennart, Ein Kind entsteht, München 1979.

Ders., So kamst du auf die Welt, München 1978.

Oerter, Rolf, Moderne Entwicklungspsychologie, Donauwörth 1980.

Pfahler, Gerhard, Wie sag ich's meinem Kinde? Tübingen 1960.

Redlin, Wiltraud, Entwicklungspsychologie, Hamburg 1975.

Richter, Horst Eberhard, Eltern, Kind und Neurose, Reinbek 1963.

Rost, Dietmar, Aktuelle Erziehungstips, München 1973.

Ders., Vom ersten Tag an, Limburg 1973.

Ders., Wer spielt mit? Limburg 1974.

Ders., Was macht unsere Kinder heute krank? Donauwörth 1979.

Ders., Ein Kind ist ein Glück, Limburg o.J. (zus. mit J. Machalke).

Scarbath, Horst, Geschlechtserziehung, Heidelberg 1967.

Seelmann, Kurt, Kind, Sexualität und Erziehung, Basel 1955.

Spitz, René, Die Entwicklung der ersten Objektbeziehungen, Stuttgart 1960.

Ders., Vom Säugling zum Kleinkind, Stuttgart 1972.

Wolfensberger-Haessig, Christoph, Wider die »Aufklärung«, Zürich–Köln 1972.

Wrage, Karl Horst, Mann und Frau, Gütersloh 1966.

WEISSES KREUZ

Zeitschrift für Lebensfragen

Aspekte der Gegenwart,
Informationen und Kommentare zu Ehe- und Familienfragen,
Jugend- und Erziehungsproblemen, Sexualberatung.

Unter dem Namen »WEISSES KREUZ« bringt das Weiße Kreuz eine Zeitschrift heraus, die sich der Probleme der Gegenwart in der Sprache von heute annimmt. Sie steht jedermann kostenlos zur Verfügung. Zur persönlichen Orientierung, in der Jugendarbeit, im Pfarramt und auf Gemeindebüros, am Schriftentisch und im Unterricht sollte man sie zur Hand haben. In ihr werden die Lebensfragen junger und älterer Menschen verantwortungsbewußt und mit Sachkenntnis unter Mitarbeit von Theologen, Psychologen, Ärzten, Pädagogen, Jugendleitern und Laien verständlich behandelt. Nirgends so sehr wie auf dem Gebiet der Intimsphäre bedarf der Mensch einer gewissenhaften Orientierungshilfe.

Die Zeitschrift erscheint vierteljährlich.
Zu beziehen durch:
Weißes Kreuz
Postfach 20
34250 Ahnatal

Ergänzende Sachliteratur

Reinhold Ortner **Wenn du größer wirst ...**
Vom Unterschied, ein Junge oder
ein Mädchen zu sein
Aufklärung für Kinder von 6-10 Jahren
Illustriert von Lisl Stich

Für die Hand des Kindes ist hier eine Aufklärungsbroschüre gelungen, die in kindgemäßer Sprache und einfacher Darstellung die Vorgänge von Zeugung, Geburt und körperlicher Entwicklung verdeutlicht.

Gerhard Naujokat **Junge Menschen - erste Liebe**
Begegnung der Gefühle

Die erste Liebe hat ihre Zeit und ihren Sinn. Sie ist ein faszinierendes seelisches Ereignis. Darum bedarf sie der Geborgenheit und der Disziplin.

Aus dem Inhalt: Junge Menschen - erste Liebe; Verliebtheit contra Liebe; »Wecket die Liebe nicht, bis es ihr selbst gefällt«; Ein Kuß bedeutet viel; Das erste Mal oder die erste Prägung; Petting; Wenn Kinder schwanger werden; Sexualität allein genügt nicht; Wahl des Ehepartners; Wir ziehen zusammen; Probleme der Frühehe; Sucht ist Sehnsucht; Gegen den Trend der Zeit u.a.

Christa Meves **Ich will leben**
Briefe an Martina/Probleme des Jugendalters

Speziell für junge Mädchen schrieb die Autorin dieses klare, wegweisende Wort in aller heute gebotenen Offenheit. In lebensnahen Briefen an ein etwa 16jähriges Mädchen, sprachlich gewandt und aussagestark, geht es hier um Fragen der Partnerbeziehung und des vorehelichen Intimverhaltens. Eltern, Pfarrer, Jugendleiter werden für ihre Kinder, ihre Konfirmanden und für ihre Jugendgruppenarbeit in dieser Schrift wertvolle Anregungen, Argumente und Hilfestellung finden.

Joachim Illies **Auf dem Wege**
Briefe an Thomas/Probleme des Jugendalters

Der Autor antwortet in Briefform auf Lebensfragen und Schwierigkeiten heranwachsender Jungen, vor allem im Blick auf den Bereich sexueller Verhaltensfragen. Die Probleme werden offen und mit biologischer Sachkenntnis angesprochen und einfühlsam und verständnisvoll erörtert.

hänssler

Lisbeth Burger **Mit Zwillingen fing es an**
Aus dem Tagebuch einer Hebamme
(früher: »Vierzig Jahre Storchentante«)
Mit Humor verpackt, erzählt die Autorin originelle und wahre Erlebnisse aus ihrer langjährigen Praxis als Hebamme. Wenn sich auch Verhältnisse und Lebensauffassungen im Laufe langer Jahre ändern – die Ehrfurcht vor dem Leben, die Liebe zu Kindern, der aufopfernde Einsatz eines Menschen und die vielen immer noch gleichen Probleme, das alles übt, wie es hier beschrieben ist, noch immer eine starke und überzeugende Wirkung aus.

Bitte fragen Sie in Ihrer Buchhandlung nach diesen Büchern!
Oder schreiben Sie an den Hänssler Verlag,
D-71087 Holzgerlingen.